***ACCESO GRATIS** a la Lectura en la Nube*

Para visualizar el libro electrónico en la nube de lectura envíe junto a su nombre y apellidos una fotografía del código de barras situado en la contraportada del libro y otra del ticket de compra a la dirección:

ebooktirant@tirant.com

En un máximo de 72 horas laborales le enviaremos el código de acceso con sus instrucciones.

CURSO ESENCIAL DE DERECHO CONTENCIOSO-ADMINISTRATIVO

CURSO ESENCIAL DE DERECHO CONTENCIOSO-ADMINISTRATIVO

Juan Gabriel Rojas López

tirant lo blanch
Bogotá, D.C., 2024

En caso de erratas y actualizaciones, la Editorial Tirant lo Blanch publicará la pertinente corrección en la página web www.tirant.com.

DIRECTOR DE COLECCIÓN
Jorge Iván Rincón Córdoba

BIBLIOTECA CARLOS GAVIRIA DÍAZ
CATALOGACIÓN EN PUBLICACIÓN
EDITOR: TIRANT LO BANCH
TÍTULO: CURSO ESENCIAL DE DERECHO CONTENCIOSO-ADMINISTRATIVO
MARZO DE 2024

Rojas López, Juan Gabriel, autor

Curso esencial de derecho contencioso-administrativo / Juan Gabriel Rojas López. – Primera edición. – Bogotá : Tirant lo Blanch, 2024.

266 páginas.
(Administrativo práctico colombiano / Jorge Iván Rincón Córdoba)
Incluye referencias bibliográficas.
ISBN: 978-84-1056-922-5

1. Derecho administrativo. 2. Recurso contencioso administrativo. 3. Sentencias. I. Título. II. Serie.

LC: KHH3230
CDD: 342 ed. 23

Catalogación en publicación de la Biblioteca Carlos Gaviria Díaz

EDITA: TIRANT LO BLANCH
Calle 11 #2-16 (Bogotá, D.C.)
TELF.: 4660171
Email: tlb@tirant.com
www.tirant.com
Librería virtual: www.tirant.com/co/
ISBN: 978-84-1056-922-5

Si tiene alguna queja o sugerencia, envíenos un mail a: *atencioncliente@tirant.com*. En caso de no ser atendida su sugerencia, por favor, lea en *www.tirant.net/index.php/empresa/politicas-de-empresa* nuestro procedimiento de quejas.

Responsabilidad Social Corporativa: *http://www.tirant.net/Docs/RSCTirant.pdf*

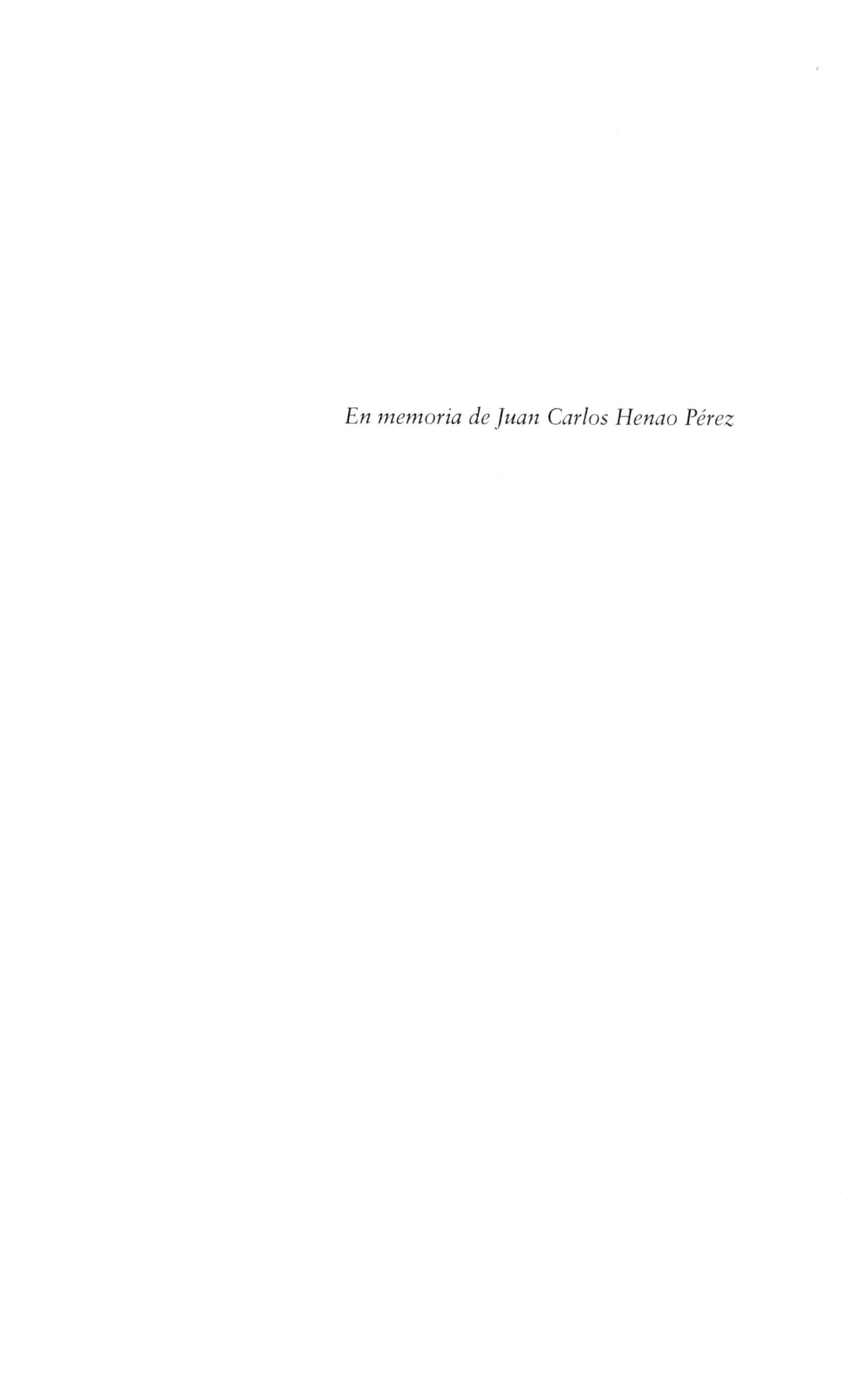

En memoria de Juan Carlos Henao Pérez

Índice

Presentación

El presente libro tiene como objetivo abordar de manera sistemática y actualizada el estudio del derecho contencioso administrativo desde sus fundamentos teóricos hasta los procedimientos y recursos necesarios para el ejercicio del control judicial sobre la actividad administrativa. No se ha pretendido elaborar un tratado exhaustivo, sino más bien ofrecer un enfoque claro y conciso de los temas que se consideran esenciales en la disciplina.

La obra se divide en seis capítulos, cada uno de los cuales aborda un aspecto fundamental del derecho contencioso administrativo. En el primer capítulo, se introduce la importancia de la jurisdicción contenciosa administrativa como un mecanismo fundamental para el control de la actividad administrativa. Se analiza la estructura y organización de la jurisdicción contenciosa administrativa, detallando los diferentes niveles funcionales en los que se divide para garantizar una adecuada administración de justicia en este ámbito. También se aborda su objeto y competencia.

En el segundo capítulo, se analizan los medios de control jurisdiccional en materia contenciosa administrativa, que constituyen herramientas procesales diseñadas para someter la actividad de la administración pública al escrutinio de la jurisdicción de lo contencioso administrativo. Se destaca que el ámbito de acción de los medios de control no se limita exclusivamente al control de la actividad administrativa, sino que también se pueden emprender reclamaciones judiciales basadas en la labor de los agentes judiciales o derivadas del ejercicio de la función legislativa, a lo que deberá sumarse la posibilidad de demandar ante el contencioso administrativo, bajo ciertas circunstancias, a los particulares.

En el tercer capítulo, se aborda, de manera crítica, la temática de los presupuestos procesales, explicando sus características y evidenciando eventualmente la problemática que se deriva de la exigencia del cumplimiento de algunos de ellos, dado que, si bien es cierto, en principio estos presupuestos constituyen garantías del debido proceso, en ocasiones pueden representar trabas innecesarias que dificultan el acceso al escenario jurisdiccional.

En el cuarto capítulo, se estudia el proceso jurisdiccional en el ámbito contencioso administrativo colombiano, analizando los diferentes procedimientos judiciales que se pueden llevar a cabo para resolver los litigios en los que estén involucradas entidades públicas o particulares que ejerzan función administrativa.

En el quinto capítulo, se aborda la figura de los recursos en el proceso contencioso administrativo, enfatizando en los diferentes tipos de recursos que se pueden presentar en este ámbito, así como los requisitos y procedimientos necesarios para su resolución.

En el sexto capítulo, se estudia la importancia de la sentencia en el proceso contencioso administrativo, examinando los diferentes tipos de sentencias que se pueden dictar, así como lo requisitos y procedimientos para su emisión y notificación, haciendo hincapié en sus efectos.

En resumen, el *Curso esencial de derecho contencioso administrativo* está dirigido a estudiantes y profesionales del derecho, así como a cualquier persona interesada en comprender los temas principales de esta área. Se busca contribuir con este libro al estudio y desarrollo del derecho contencioso administrativo y, ojalá, a la apertura de nuevos debates en torno a la disciplina.

Capítulo 1

La jurisdicción contenciosa administrativa: estructura, objeto y competencia

1.1. INTRODUCCIÓN

La importancia de la jurisdicción contenciosa administrativa es innegable, ya que ha desempeñado un papel crucial en el ejercicio del control sobre la actividad administrativa, en aras de garantizar los derechos y mantener el orden jurídico. Su contribución ha sido determinante para fortalecer el Estado de derecho y sustentar los fundamentos mismos del sistema democrático.

Desde la promulgación de la Constitución de 1991, la jurisdicción contenciosa administrativa ha tenido un impacto significativo en diversos aspectos que afectan a la sociedad en su conjunto. Ha contribuido de manera destacada a la realización de los principios constitucionales, consolidándose como un escenario judicial de garantías legales, constitucionales y convencionales. Por lo tanto, es esencial abordar el estudio del derecho contencioso administrativo desde una perspectiva que analice su estructura, objeto y competencias.

1.2. ESTRUCTURA DE LA JURISDICCIÓN CONTENCIOSA ADMINISTRATIVA

La estructura de la jurisdicción contenciosa administrativa se compone de un conjunto de órganos cuya finalidad es ejercer la función pública jurisdiccional dentro de su ámbito competencial. En la actualidad, se encuentra organizada en tres niveles funcionales. En la cúspide, el Consejo de Estado, desempeñando el papel de tribunal supremo de lo contencioso administrativo[1]. A nivel intermedio se sitúan los tribunales administrativos, y en la base de la estructura, se ubican los jueces administrativos con la categoría de jueces del circuito judicial[2], que han estado operativos desde el año 2006, tras su creación a través de la Ley 270 de 1996[3].

El respaldo constitucional de la jurisdicción contenciosa administrativa se encuentra en el capítulo III del título VIII de la carta política. Este segmento normativo aborda aspectos relacionados con la jurisdicción de lo contencioso administrativo, mientras que los artículos 236 y 237 hacen especial referencia al Consejo de Estado y, en su mayoría, a sus atribuciones.

1.2.1. El Consejo de Estado

Según el artículo 237 de la Constitución Política, y el artículo 34 de la Ley 270 de 1996, modificado por el artículo 9. ° de la Ley 1285 de 2009, el Consejo de Estado ostenta la máxima autoridad como Tribunal de la Jurisdicción de lo Contencioso Administrativo y se compone de treinta y un (31) magistrados.

---

1 Constitución Política de 1991, artículo 237.

2 ROJAS LÓPEZ, JUAN GABRIEL. Los presupuestos procesales en el derecho procesal administrativo, 4ed. Medellín: Librería Jurídica Sánchez, 2021, pp. 113-114.

3 Ley 270 de 1996, artículo 11 literal b, y artículo 42.

Estos magistrados son elegidos por la misma corporación para períodos individuales de ocho (8) años, conforme a lo establecido en el artículo 233 de la Constitución Política.

Inicialmente, la Constitución estipulaba que la elección de los magistrados se llevaría a cabo a partir de listas con más de cinco (5) candidatos que cumplieran con los requisitos constitucionales, presentadas por la Sala Administrativa del Consejo Superior de la Judicatura. No obstante, mediante la reforma constitucional introducida por el Acto Legislativo 02 de 2015, se procuró una modificación al establecer que los magistrados serían elegidos por la respectiva corporación, tras una audiencia pública, a partir de una lista de diez elegibles enviada por el Consejo de Gobierno Judicial, luego de una convocatoria pública reglada realizada por la Gerencia de la Rama Judicial.

Cabe destacar que la Sentencia C-285 de 2016 de la Corte Constitucional declaró inexequibles las expresiones "Consejo de Gobierno Judicial y Gerencia de la Rama Judicial", estableciendo que la lista de elegibles sería enviada por el Consejo Superior de la Judicatura.

El Consejo de Estado desempeña sus funciones a través de varias salas, distribuidas de la siguiente manera: la Plena, integrada por todos sus miembros; la de lo Contencioso Administrativo, compuesta por veintisiete (27) consejeros; y la de Consulta y Servicio Civil, conformada por los restantes cuatro (4) consejeros. Además de estas, se establece la Sala de Gobierno integrada por el presidente y el vicepresidente de la corporación, así como los presidentes de cada una de las secciones de la Sala de lo Contencioso Administrativo y de la Sala de Consulta y Servicio Civil. Las funciones de la Sala de Gobierno se encuentran detalladas en el artículo 114 de la Ley 1437 de 2011. También, opera a través de las salas especiales de decisión creadas por el artículo 107 de la misma ley, encargadas de resolver los procesos asignados por la Sala Plena de lo Contencioso Administrativo, salvo aquellos relacionados con la nulidad por inconstitucionalidad. Estas salas estarán conformadas por cuatro (4) magistrados[4].

Es importante señalar que el artículo 107 de la Ley 1437 de 2011 debe entenderse modificado por la disposición normativa establecida en el artículo 2.° de la Ley 1881 de 2018. Esta última legislación contempló la creación de las Salas Especiales de Decisión de Pérdida de Investidura del Consejo de Estado con el objetivo de garantizar la aplicación del principio de la doble instancia en esta corporación judicial. Dichas salas estarán integradas por cinco (5) magistrados, designando uno por cada sección.

1.2.2. Los tribunales administrativos

Conforme al artículo 40 de la Ley 270 de 1996, Estatutaria de la Administración de Justicia, los tribunales administrativos son establecidos por la Sala Administrativa del Consejo Superior de la Judicatura para llevar a cabo las funciones determinadas por la ley procesal en cada distrito judicial administrativo. Estos tribunales cuentan con el número de magistrados establecido por la Sala Administrativa del Consejo Superior de la Judicatura, el cual, en todo caso, no puede ser inferior a tres.

Las funciones de los tribunales administrativos son ejercidas a través de diversas instancias, entre las que se encuentran la Sala Plena, conformada por la totalidad de los magistrados; la Sala de Gobierno; las salas especializadas; y otras salas de decisión, las cuales siempre serán plurales e impares, de acuerdo con lo estipulado por la ley.

---

4 Sus funciones se encuentran previstas en el artículo 29 del Acuerdo 080 de 2019, Reglamento Interno del Consejo de Estado.

1.2.3. Los juzgados administrativos

El artículo 42 de la Ley 270 de 1996 dispone que los juzgados administrativos serán creados de acuerdo con las necesidades de la administración de justicia, determinadas por la Sala Administrativa del Consejo Superior de la Judicatura. Estos juzgados tienen la responsabilidad de cumplir con las funciones que establezca la ley procesal en cada circuito o municipio, formando parte integral de la jurisdicción de lo contencioso administrativo. La Sala Administrativa del Consejo Superior de la Judicatura define sus características, denominación y número de conformidad con lo establecido en la mencionada ley estatutaria. Estos juzgados administrativos iniciaron sus funciones en el año 2006 y, desde entonces, han desempeñado un papel fundamental al agilizar los procesos contencioso-administrativo, validando así la pertinencia de su creación.

1.3. EL OBJETO DE LA JURISDICCIÓN CONTENCIOSA ADMINISTRATIVA

El objeto de la jurisdicción contenciosa-administrativa se define como la materia de su conocimiento, delineando sus competencias de manera general. En este sentido, la Ley 1437 de 2011, en su artículo 104, establece qué asuntos son actualmente objeto de conocimiento de esta jurisdicción.

Tal disposición señala que esta jurisdicción está instituida para abordar las controversias y litigios derivados de actos, contratos, hechos, omisiones y operaciones sujetos al derecho administrativo, en los cuales estén involucradas entidades públicas o particulares que ejerzan función administrativa. Posteriormente, en siete numerales, la ley detalla que la jurisdicción contenciosa administrativa prácticamente conocerá de toda índole de controversias en las que estén implicadas las entidades públicas, sin importar si los hechos que las originaron están sometidos o no al derecho administrativo. Esto evidencia que el propio artículo se encarga de aclarar sus propias ambigüedades y, en última instancia, prevalecerá un criterio predominantemente orgánico, conservando algunos matices de un enfoque mixto debido a la permanencia de algunas referencias a los ámbitos funcionales.

Además, se establece una definición de entidad pública para los efectos de la competencia judicial, señalando que la participación del Estado en la conformación de su capital es el criterio determinante. Así, una entidad será considerada pública siempre y cuando el Estado posea el 50 % o más de participación en el capital de la sociedad.

El artículo 105 del Código de Procedimiento Administrativo y de lo Contencioso Administrativo (CPACA) establece un catálogo de excepciones, es decir, asuntos que no serán objeto de conocimiento por la jurisdicción contenciosa administrativa. Se destacan las siguientes exclusiones: las controversias relativas a la responsabilidad extracontractual y a los contratos celebrados por entidades públicas con carácter de instituciones financieras, aseguradoras, intermediarios de seguros o intermediarios de valores supervisados por la Superintendencia Financiera, cuando correspondan al giro ordinario de los negocios de dichas entidades, incluyendo los procesos ejecutivos.

Adicionalmente, se excluyen las decisiones proferidas por autoridades administrativas en el ejercicio de funciones jurisdiccionales, sin perjuicio de las competencias en materia de recursos contra dichas decisiones atribuidas a esta jurisdicción. Asimismo, se excluyen las decisiones emitidas en juicios de policía regulados específicamente por la ley. También se excluyen los conflictos de carácter laboral surgidos entre las entidades públicas y sus trabajadores oficiales. A estas excepciones se suman los procedimientos generales de expropiación por vía judicial[5], la imposición de servidumbres, acciones sobre fuero sindical[6], entre otros eventos que quedan fuera del ámbito de competencia judicial de esta jurisdicción.

1.4. COMPETENCIA DE LA JURISDICCIÓN CONTENCIOSA ADMINISTRATIVA

1.4.1. Competencia por razón del territorio

El factor territorial está determinado por el ámbito espacial en el cual se desenvuelve la competencia del juez, y depende en el derecho procesal administrativo, entre otras cosas, del nivel al que pertenece la entidad que pretende ser demandada, la naturaleza del demandado y el asunto del que se trata. Al respecto, señala el artículo 156 del CPACA que para la determinación de la competencia por razón del territorio se observarán las siguientes reglas:

> *1. En los de nulidad y en los que se promuevan contra los actos de certificación o registro, por el lugar donde se expidió el acto.*
>
> *2. En los de nulidad y restablecimiento se determinará por el lugar donde se expidió el acto, o por el del domicilio del demandante, siempre y cuando la entidad demandada tenga sede en dicho lugar.*
>
> *3. En los asuntos de nulidad y restablecimiento del derecho de carácter laboral se determinará por el último lugar donde se prestaron o debieron prestarse los servicios. Cuando se trate de derechos pensionales, se determinará por el domicilio del demandante, siempre y cuando la entidad demandada tenga sede en dicho lugar.*

---

5 Cuya competencia corresponde a los jueces civiles del circuito.

6 Objeto de conocimiento de la justicia laboral.

4. En los contractuales y en los ejecutivos originados en contratos estatales o en laudos arbitrales derivados de tales contratos, se determinará por el lugar donde se ejecutó o debió ejecutarse el contrato.

5. En los asuntos agrarios y en los demás relacionados con la expropiación, la extinción del derecho de dominio, la adjudicación de baldíos, la clarificación y el deslinde de la propiedad y otros asuntos similares relacionados directamente con un bien inmueble, por el lugar de ubicación del bien.

6. En los de reparación directa se determinará por el lugar donde se produjeron los hechos, las omisiones o las operaciones administrativas, o por el domicilio o sede principal de la entidad demandada a elección del demandante. Cuando alguno de los demandantes haya sido víctima de desplazamiento forzado de aquel lugar, y así lo acredite, podrá presentar la demanda en su actual domicilio o en la sede principal de la entidad demandada elección de la parte actora.

7. En los que se promuevan sobre el monto, distribución o asignación de impuestos, tasas y contribuciones nacionales, departamentales, municipales o distritales, se determinará por el lugar donde se presentó o debió presentarse la declaración, en los casos en que esta proceda; en los demás casos, en el lugar donde se practicó la liquidación.

8. En los casos de imposición de sanciones, la competencia se determinará por el lugar donde se realizó el acto o el hecho que dio origen a la sanción.

9. Cuando el acto o hecho se produzca en el exterior, la competencia se fijará por el lugar de la sede principal de la entidad demandada, en Colombia.

10. En los relativos al medio de control de cumplimiento de normas con fuerza material de ley o de actos administrativos, se determinará por el domicilio del accionante.

11. De repetición conocerá el juez o tribunal con competencia, en el domicilio del demandado. A falta de determinación del domicilio, conocerá el del último lugar donde se prestó o debió prestarse el servicio.

PARÁGRAFO. Cuando fueren varios los jueces o tribunales competentes para conocer del asunto de acuerdo con las reglas

> *previstas en este artículo, conocerá a prevención el juez o tribunal ante el cual se hubiere presentado primero la demanda*[7].

1.4.2. Competencia por razón de la cuantía

El artículo 157 del CPACA[8], prevé los parámetros para la determinación de la cuantía para efectos de la competencia, indicando:

> *la cuantía se determinará por el valor de la multa impuesta o de los perjuicios causados, según la estimación razonada hecha por el actor en la demanda, sin que en ella pueda considerarse la estimación de los perjuicios inmateriales, salvo que estos últimos sean los únicos que se reclamen.*
>
> *La cuantía se determinará por el valor de las pretensiones al tiempo de la demanda, que tomará en cuenta los frutos, intereses, multas o perjuicios reclamados como accesorios, causados hasta la presentación de aquella.*
>
> *Para los efectos aquí contemplados, cuando en la demanda se acumulen varias pretensiones, la cuantía se determinará por el valor de la pretensión mayor.*
>
> *En el medio de control de nulidad y restablecimiento del derecho, no podrá prescindirse de la estimación razonada de la cuantía, so pretexto de renunciar al restablecimiento.*
>
> *En asuntos de carácter tributario, la cuantía se establecerá por el valor de la suma discutida por concepto de impuestos, tasas, contribuciones y sanciones.*
>
> *PARÁGRAFO. Cuando la cuantía esté expresada en salarios mínimos legales mensuales vigentes, se tendrá en cuenta aquel que se encuentre vigente en la fecha de la presentación de la demanda*[9].

---

7 Ley 1437 de 2011, artículo 156.

8 Modificado por la Ley 2080 de 2021.

9 Ley 1437 de 2011, artículo 157.

Las cuantías estipuladas por la ley se detallan específicamente en los artículos 152 y 155 del CPACA. Es importante señalar que, atendiendo exclusivamente al factor cuantía, no se presentan asuntos de competencia en única instancia. A continuación, se presenta una tabla que facilita la observación de las cuantías vinculadas a la competencia de los juzgados administrativos en primera instancia, incluyendo las modificaciones introducidas por la Ley 2080 de 2021.

Tabla 1.

Asunto	Ley 1437 de 2011	Ley 2080 de 2021
Nulidad y restablecimiento del derecho laboral	Hasta 50 salarios mínimos legales mensuales	Sin consideración de la cuantía
Nulidad y restablecimiento del derecho	Hasta 300 salarios mínimos legales mensuales	Hasta 500 salarios mínimos legales mensuales
Relativos a impuestos, tasas y contribuciones	Hasta 100 salarios mínimos legales mensuales	Hasta 500 salarios mínimos legales mensuales
Contractuales	Hasta 500 salarios mínimos legales mensuales	Hasta 500 salarios mínimos legales mensuales
Reparación directa	Hasta 500 salarios mínimos legales mensuales	Hasta 1000 salarios mínimos legales mensuales
Ejecutivos	Hasta 1500 salarios mínimos legales mensuales	Sin cuantía para cobro de sentencias o conciliaciones. Hasta 1500 salarios mínimos para los demás procesos ejecutivos
Repetición	Hasta 500 salarios mínimos legales mensuales	Hasta 500 salarios mínimos legales mensuales
Grupo	Sin cuantía	Hasta 1000 salarios mínimos legales mensuales. Cuando el daño provenga de un acto de carácter particular, cuando la cuantía no exceda de 500 salarios mínimos legales mensuales.

Fuente: Elaboración propia.

Estas cuantías permiten entender que, cuando exceda de los montos previstos, será competencia de los tribunales administrativos en primera instancia.

1.4.3. Competencias específicas asignadas a los juzgados administrativos

Según el CPACA los juzgados administrativos pueden conocer en única o en primera instancia de los asuntos expresamente asignados. En este sentido, el artículo 154 establece que tendrán competencia en única instancia para conocer del recurso de insistencia cuando la providencia haya sido proferida por funcionario o autoridad del orden municipal o distrital. Asimismo, les corresponde conocer de la ejecución de condenas impuestas o conciliaciones judiciales aprobadas en los procesos que hayan sido conocidos por el respectivo juzgado en única instancia, incluso si la obligación que se persigue surge durante el trámite de los recursos extraordinarios.

Es importante señalar que este último aspecto, introducido por la Ley 2080 de 2021, genera cierta problemática, ya que choca con la limitada competencia de dichos despachos judiciales en procesos de única instancia. Esto se debe a que, considerando el factor cuantía, todos los asuntos tienen la posibilidad de ser elevados a doble instancia.

A su turno, el artículo 155 del CPACA, modificado por el artículo 30 de la Ley 2080 de 2021, consagra en 17 numerales, el amplio catálogo de asuntos asignados a los jueces administrativos en primera instancia, señalando:

> *1. De la nulidad contra actos administrativos expedidos por funcionarios u organismos del orden distrital y municipal, o por las personas o entidades de derecho privado que cumplan funciones administrativas en el mismo orden. Se exceptúan los de nulidad contra los actos administrativos relativos a impuestos, tasas, contribuciones y sanciones relacionadas con estos asuntos, cuya competencia está asignada a los tribunales administrativos.*

2. De los de nulidad y restablecimiento del derecho de carácter laboral que no provengan de un contrato de trabajo, en los cuales se controviertan actos administrativos de cualquier autoridad, sin atención a su cuantía.

3. De los de nulidad y restablecimiento del derecho contra actos administrativos de cualquier autoridad, cuya cuantía no exceda de quinientos (500) salarios mínimos legales mensuales vigentes.

4. De los procesos que se promuevan sobre el montó, distribución o asignación de impuestos, contribuciones y tasas nacionales, departamentales, municipales o distritales, cuya cuantía no exceda de quinientos (500) salarios mínimos legales mensuales vigentes.

5. De los relativos a los contratos, cualquiera que sea su régimen, en los que sea parte una entidad pública en sus distintos órdenes o un particular en ejercicio de funciones propias del Estado, y de los contratos celebrados por cualquier entidad prestadora de servicios públicos domiciliarios en los cuales se incluyan cláusulas exorbitantes, cuando la cuantía no exceda de quinientos (500) salarios mínimos legales mensuales vigentes.

6. De los de reparación directa, inclusive aquellos provenientes de la acción u omisión de los agentes judiciales, cuando la cuantía no exceda de mil (1.000) salarios mínimos legales mensuales vigentes.

7. De la ejecución de condenas impuestas o conciliaciones judiciales aprobadas en los procesos que haya conocido el respectivo juzgado en primera instancia, incluso si la obligación que se persigue surge en el trámite de los recursos extraordinarios. Asimismo, conocerá de la ejecución de las obligaciones contenidas en conciliaciones extrajudiciales cuyo trámite de aprobación haya conocido en primera instancia. En los casos señalados en este numeral, la competencia se determina por el factor de conexidad, sin atención a la cuantía. Igualmente, dé los demás procesos ejecutivos cuando la cuantía no exceda de mil quinientos (1.500) salarios mínimos legales mensuales vigentes.

8. De la repetición que el Estado ejerza contra los servidores o exservidores públicos y personas privadas que cumplan funciones públicas, incluidos los agentes judiciales, cuando la cuantía no exceda de quinientos (500) salarios mínimos legales mensuales vigentes, y cuya competencia no estuviera asignada por el factor subjetivo al Consejo de Estado.

9. De los asuntos relativos a la nulidad del acto de elección por cuerpos electorales, así como de los actos de nombramiento, sin pretensión de restablecimiento del derecho, cuya competencia no esté asignada al Consejo de Estado o a los tribunales administrativos. Igualmente, conocerán de la nulidad de la elección de los jueces de paz y jueces de reconsideración.

10. De los relativos a la protección de derechos e intereses colectivos y de cumplimiento, contra las autoridades de los niveles departamental, distrital, municipal o local o las personas privadas que dentro de esos mismos ámbitos desempeñen funciones administrativas.

11. Del medio de control de reparación de perjuicios causados a un grupo, cuando la cuantía no exceda de mil (1.000) salarios mínimos legales mensuales vigentes. Si el daño proviene de un acto administrativo de carácter particular, cuando la cuantía no exceda de quinientos (500) salarios mínimos legales mensuales vigentes.

12. La de nulidad del acto de calificación y clasificación de los proponentes, expedida por las Cámaras de Comercio.

13. De los de nulidad de los actos administrativos de los distritos y municipios y de las entidades descentralizadas de carácter distrital o municipal que deban someterse para su validez a la aprobación de autoridad superior, o que hayan sido dictados en virtud de delegación de funciones hecha por la misma.

14. Sin atención a la cuantía, de los procesos de nulidad y restablecimiento del derecho contra actos administrativos de carácter disciplinario que no estén atribuidos a los tribunales o al Consejo de Estado.

15. De los de nulidad y restablecimiento del derecho que carezcan de cuantía contra actos administrativos expedidos por autoridades del orden distrital o municipal, o por las personas o entidades de derecho privado que cumplan funciones administrativas en el mismo orden.

16. De todos los demás de carácter contencioso administrativo que involucren entidades del orden municipal o distrital o particulares que cumplan funciones administrativas en el mismo orden, para los cuales no exista regla especial de competencia.

17. De los demás asuntos que les asignen leyes especiales[10].

1.4.4. Competencias asignadas a los tribunales administrativos

Al tenor de lo señalado en el artículo 151 del CPACA, los tribunales administrativos podrán conocer en única instancia de numerosos asuntos, tal como se describe a continuación:

1. De los de definición de competencias administrativas entre entidades públicas del orden departamental, distrital o municipal, o entre cualquiera de ellas cuando estén comprendidas en el territorio de su jurisdicción.

2. De las observaciones que formulen los gobernadores de los departamentos acerca de la constitucionalidad y legalidad de los acuerdos municipales, y sobre las objeciones a los proyectos de ordenanzas, por los mismos motivos.

3. De las observaciones que los gobernadores formulen a los actos de los alcaldes, por razones de inconstitucionalidad o ilegalidad.

4. De las objeciones que formulen los alcaldes a los proyectos de acuerdos municipales o distritales, por ser contrarios al ordenamiento jurídico superior.

5. Del recurso de insistencia previsto en la parte primera de este código, cuando la autoridad que profiera o deba proferir la decisión sea del orden nacional o departamental, o del Distrito Capital de Bogotá.

6. De los siguientes asuntos relativos a la nulidad electoral:

a) De la nulidad de la elección de los personeros y contralores distritales y municipales de municipios con menos de setenta mil (70.000) habitantes, que no sean capital de departamento;

---

[10] Ley 1437 de 2011, artículo 155.

b) De la nulidad de los actos de elección o llamamiento a ocupar la curul, según el caso, distintos de los de voto popular, y de los de nombramiento, sin pretensión de restablecimiento del derecho, de empleados públicos del nivel directivo, asesor o sus equivalentes de los distritos y de los municipios de menos de setenta mil (70.000) habitantes, que no sean capital de departamento, independientemente de la autoridad nominadora. Igualmente, de los que recaigan en miembros de juntas o consejos directivos de entidades públicas de los órdenes anteriores.

El número de habitantes se acreditará con la última información oficial proyectada del Departamento Administrativo Nacional de Estadística (DANE);

c) De los de nulidad electoral de los empleados públicos de los niveles profesional, técnico y asistencial o equivalente a cualquiera de estos niveles efectuado por las autoridades del orden nacional, departamental, distrital o municipal. La competencia por razón del territorio corresponde al tribunal del lugar donde el nombrado preste o deba prestar los servicios.

7. Del control inmediato de legalidad de los actos de carácter general que sean proferidos en ejercicio de la función administrativa durante los estados de excepción y como desarrollo de los decretos legislativos que fueren dictados por autoridades territoriales, departamentales y municipales. Esta competencia corresponderá al tribunal del lugar donde se expidan.

8. De la ejecución de condenas impuestas o conciliaciones aprobadas en los procesos que haya conocido el respectivo tribunal en única instancia, incluso si la obligación que se persigue surge en el trámite de los recursos extraordinarios. En este caso, la competencia se determina por el factor de conexidad, sin atención a la cuantía[11].

Por su parte, el artículo 152 del CPACA, modificado por la Ley 2080 de 2021, que aumentó considerablemente las competencias de los tribunales administrativos en primera instancia, señala, que estos conocerán:

---

[11] Ley 1437 de 2011, artículo 151.

1. De la nulidad de actos administrativos expedidos por funcionarios u organismos del orden departamental, o por las personas o entidades de derecho privado que cumplan funciones administrativas en el mismo orden.
Igualmente, de los de nulidad contra los actos administrativos proferidos por funcionarios u organismos del orden distrital y municipal, relativos a impuestos, tasas, contribuciones y sanciones relacionadas con estos asuntos.

2. De los de nulidad y restablecimiento del derecho en que se controviertan actos administrativos de cualquier autoridad, cuando la cuantía exceda de quinientos (500) salarios mínimos legales mensuales vigentes.

3. De los que se promuevan sobre el monto, distribución o asignación de impuestos, contribuciones y tasas nacionales, departamentales, municipales o distritales, cuando la cuantía sea superior a quinientos (500) salarios mínimos legales mensuales vigentes.

4. De los relativos a los contratos, cualquiera que sea su régimen, en los que sea parte una entidad pública en sus distintos órdenes o un particular en ejercicio de funciones propias del Estado, y de los contratos celebrados por cualquier entidad prestadora de servicios públicos domiciliarios en los cuales se incluyan cláusulas exorbitantes, cuando la cuantía exceda de quinientos (500) salarios mínimos legales mensuales vigentes.

5. De los de reparación directa, inclusive aquellos provenientes de la acción u omisión de los agentes judiciales, cuando la cuantía exceda de mil (1.000) salarios mínimos legales mensuales vigentes.

6. De la ejecución de condenas impuestas o conciliaciones judiciales aprobadas en los procesos que haya conocido el respectivo tribunal en primera instancia, incluso si la obligación que se persigue surge en el trámite de los recursos extraordinarios. Asimismo, conocerá de la ejecución de las obligaciones contenidas en conciliaciones extrajudiciales cuyo trámite de aprobación haya conocido en primera instancia. En los casos señalados en este numeral, la competencia se determina por el factor de conexidad, sin atención a la cuantía.

Igualmente, de los demás procesos ejecutivos cuya cuantía exceda de mil quinientos (1.500) salarios mínimos legales mensuales vigentes.

7. De los siguientes asuntos relativos a la nulidad electoral:

a) De la nulidad del acto de elección o llamamiento a ocupar la curul, según el caso, de los diputados de las asambleas departamentales, de los concejales del Distrito Capital de Bogotá, de los alcaldes municipales y distritales, de los miembros de corporaciones públicas de los municipios y distritos, de los miembros de los consejos superiores de las universidades públicas de cualquier orden, y de miembros de los consejos directivos de las corporaciones autónomas regionales. Igualmente, de la nulidad de las demás elecciones que se realicen por voto popular, salvo la de jueces de paz y jueces de reconsideración;

b) De la nulidad de la elección de los contralores departamentales, y la de los personeros y contralores distritales y municipales de municipios con setenta mil (70.000) habitantes o más, o de aquellos que sean capital de departamento;

c) De la nulidad de los actos de elección o llamamiento a ocupar curul, según el caso, distintos de los de voto popular, y de los de nombramiento, sin pretensión de restablecimiento del derecho, de empleados públicos del nivel directivo, asesor o sus equivalentes en los órdenes nacional, departamental y distrital, así como de los municipios de setenta mil (70.000) habitantes o más, o que sean capital de departamento, independientemente de la autoridad nominadora. Igualmente, de los que recaigan en miembros de juntas o consejos directivos de entidades públicas de los órdenes anteriores, siempre y cuando la competencia no esté atribuida expresamente al Consejo de Estado;

d) De la nulidad del acto electoral que declare los resultados del referendo o de la consulta popular del orden departamental, distrital o municipal;

e) De la nulidad del acto electoral que declare los resultados de la revocatoria del mandato de gobernadores y alcaldes.

El número de habitantes se acreditará con la última información oficial proyectada del Departamento Administrativo Nacional de Estadística (DANE).

8. De la nulidad de actos administrativos expedidos por los departamentos y las entidades descentralizadas de carácter departamental, que deban someterse para su validez a la aprobación de autoridad superior, o que hayan sido dictados en virtud de delegación de funciones hecha por la misma.

9. De la repetición que el Estado ejerza contra los servidores o exservidores públicos y personas privadas que cumplan funciones públicas, incluidos los agentes judiciales, cuando la cuantía exceda de quinientos (500) salarios mínimos legales mensuales vigentes, y siempre que la competencia no esté asignada al Consejo de Estado.

10. De la nulidad contra las resoluciones de adjudicación de baldíos.

11. De los de expropiación de que tratan las leyes agrarias.

12. De los que se promuevan contra los actos de expropiación por vía administrativa.

13. De la pérdida de investidura de diputados, concejales y ediles, de conformidad con el procedimiento establecido en la ley. En estos eventos el fallo se proferirá por la Sala Plena del tribunal.

14. De los relativos a la protección de derechos e intereses colectivos y de cumplimiento, contra las autoridades del orden nacional o las personas privadas que dentro de ese mismo ámbito desempeñen funciones administrativas.

15. Del medio de control de reparación de perjuicios causados a un grupo, cuando la cuantía exceda de mil (1.000) salarios mínimos legales mensuales vigentes. Si el daño proviene de un acto administrativo de carácter particular, cuando la cuantía exceda de quinientos (500) salarios mínimos legales mensuales vigentes.

16. De los relativos a la propiedad industrial, en los casos previstos en la ley.
En este caso, la competencia recaerá exclusivamente en la Sección Primera del Tribunal Administrativo de Cundinamarca.

17. De la nulidad con restablecimiento contra los actos administrativos expedidos por el Instituto Colombiano de Desarrollo Rural (Incoder), la Agencia Nacional de Tierras, o las entidades que hagan sus veces, que inicien las diligencias administrativas de extinción del dominio; clarificación de la propiedad, deslinde y recuperación de baldíos.

18. De la revisión contra los actos de extinción del dominio agrario, o contra las resoluciones que decidan de fondo los procedimientos sobre clarificación, deslinde y recuperación de baldíos.

19. De los relacionados con la declaración administrativa de extinción del dominio o propiedad de inmuebles urbanos y de los muebles de cualquier naturaleza.

20. De la nulidad de actos del Instituto Colombiano de Desarrollo Rural (Incoder), la Agencia Nacional de Tierras, o la entidad que haga sus veces, en los casos previstos en la ley.

21. De la nulidad y restablecimiento del derecho contra los actos de expropiación de que tratan las leyes sobre reforma urbana.

22. De los de nulidad y restablecimiento del derecho que carezcan de cuantía contra actos administrativos expedidos por autoridades del orden nacional o departamental, o por las personas o entidades de derecho privado que cumplan funciones administrativas en el mismo orden.

23. Sin atención a la cuantía, de los de nulidad y restablecimiento del derecho contra actos administrativos de carácter disciplinario que impongan sanciones de destitución e inhabilidad general, separación absoluta del cargo, o suspensión con inhabilidad especial, expedidos contra servidores públicos o particulares que cumplan funciones públicas en cualquier orden, incluso los de elección popular, cuya competencia no esté asignada al Consejo de Estado, de acuerdo con el artículo 149A.

24. De los que se promuevan sobre asuntos petroleros o mineros en que sea parte la Nación o una entidad territorial o descentralizada por servicios.

25. De todos los que se promuevan contra los actos de certificación o registro.

26. De todos los demás de carácter contencioso administrativo que involucren entidades del orden nacional o departamental, o particulares que cumplan funciones administrativas en

> *los mismos órdenes, para los cuales no exista regla especial de competencia*[12].

1.4.5. Competencias asignadas al Consejo de Estado

Por su parte, el Consejo de Estado tendrá competencia en única o segunda instancia, así como en el marco de la llamada "garantía de doble conformidad" establecida en el artículo 149A del CPACA.

Al tenor de lo señalado en el artículo 149 del CPACA, el Consejo de Estado en Sala Plena de lo Contencioso Administrativo, por intermedio de sus secciones, subsecciones o salas especiales, con arreglo a la distribución de trabajo que el reglamento disponga, conocerá en única instancia de los siguientes asuntos:

> *1. De la nulidad de los actos administrativos expedidos por las autoridades del orden nacional, o por las personas o entidades de derecho privado que cumplan funciones administrativas en el mismo orden, salvo que se trate de actos de certificación o registro, respecto de los cuales la competencia está radicada en los tribunales administrativos.*
>
> *2. De la nulidad del acto electoral que declare los resultados del referendo, el plebiscito y la consulta popular del orden nacional.*
>
> *3. De la nulidad del acto de elección o llamamiento a ocupar la curul, según el caso, del Presidente y el Vicepresidente de la República, de los Senadores, de los representantes a la Cámara, de los representantes al Parlamento Andino, de los gobernadores, del Alcalde Mayor de Bogotá, de los miembros de la junta directiva o consejo directivo de las entidades públicas del orden nacional, de los entes autónomos del orden nacional y de las comisiones de regulación. Se exceptúan aquellos regulados en el numeral 7, literal a), del artículo 152 de esta ley.*

---

12 Ley 1437 de 2011, artículo 152.

> *4. De la nulidad de los actos de elección expedidos por el Congreso de la República, sus Cámaras y sus comisiones, la Corte Suprema de Justicia, la Corte Constitucional, el Consejo Superior de la Judicatura, la junta directiva o consejo directivo de los entes autónomos del orden nacional y las comisiones de regulación. Igualmente, de la nulidad del acto de nombramiento del Viceprocurador General de la Nación, del Vicecontralor General de la República, del Vicefiscal General de la Nación y del Vicedefensor del Pueblo.*
>
> *5. De la nulidad de los actos de nombramiento de los representantes legales de las entidades públicas del orden nacional.*
>
> *6. De los que se promuevan contra actos administrativos relativos a la nacionalidad y a la ciudadanía.*
>
> *7. Del recurso de anulación contra laudos arbitrales proferidos en conflictos originados en contratos celebrados por una entidad pública, por las causales y dentro del término prescrito en las normas que rigen la materia. Contra la sentencia que resuelva este recurso, solo procederá el recurso de revisión*[13].

A su turno, el artículo 150 del CPACA, modificado por la Ley 2080 de 2021, contempla la competencia del Consejo de Estado en segunda instancia, indicando:

> *El Consejo de Estado, en Sala de lo Contencioso Administrativo, conocerá en segunda instancia de las apelaciones de las sentencias dictadas en primera instancia por los tribunales administrativos y de las apelaciones de autos susceptibles de este medio de impugnación. También conocerá del recurso de queja que se formule contra decisiones de los tribunales, según lo regulado en el artículo 245 de este código.*
>
> *El Consejo de Estado, en Sala de lo Contencioso Administrativo, conocerá de las peticiones de cambio de radicación de un proceso o actuación, que se podrá disponer excepcionalmente cuando en el lugar en donde se esté adelantando existan circunstancias que puedan afectar el orden público, la imparcialidad o la independencia de la administración de justicia, las garantías procesales o la seguridad o integridad de los intervinientes.*

---

13 Ley 1437 de 2011, artículo 149.

> *Adicionalmente, podrá ordenarse el cambio de radicación cuando se adviertan deficiencias de gestión y celeridad de los procesos, previo concepto de la Sala Administrativa del Consejo Superior de la Judicatura.*
>
> *PARÁGRAFO. En todas las jurisdicciones las solicitudes de cambio de radicación podrán ser formuladas por la Agencia Nacional de Defensa Jurídica del Estado*[14].

Cabe destacar que la competencia para pronunciarse sobre la nulidad de los actos de elección y nombramiento realizados por el Consejo de Estado, así como aquellos en los que el candidato propuesto provenga de esta entidad judicial, recae en la Corte Suprema de Justicia. En este contexto, la Corte Suprema debe ceñirse estrictamente a las normativas de derecho contencioso administrativo aplicables a esta temática[15].

1.4.6. Competencia del Consejo de Estado con garantía de doble conformidad

Por último, con relación a la competencia del Consejo de Estado con garantía de doble conformidad, establecida en el artículo 149 A, adicionado al CPACA por el artículo 25 de la Ley 2080 de 2021 se dispone que corresponde a esta corporación conocer del medio de control de repetición ejercido contra el presidente o vicepresidente de la república y frente a los altos servidores públicos enlistados en la norma en mención, caso en el cual, la sección tercera, a través de sus subsecciones, conocerá en única instancia del proceso, salvo que la sentencia sea condenatoria contra tales servidores públicos, dado que en este evento será procedente el recurso de apelación, que corresponderá decidido por la Sala Plena de la Sección Tercera,

---

14 Ley 1437 de 2011, artículo 150.

15 Ley 1437 de 2011, parágrafo del artículo 149.

con exclusión de los consejeros que participaron en la adopción de la decisión inicial.

De igual manera, la Sección Segunda del Consejo de Estado, a través de sus subsecciones, conocerá en única instancia del medio de control de nulidad y restablecimiento del derecho frente a actos administrativos de carácter disciplinario expedidos contra el vicepresidente de la república o lo congresistas. Sin embargo, si la sentencia declara la legalidad de la sanción disciplinaria contra ella será procedente el recurso de apelación, el cual decidirá la Sala Plena de lo Contencioso Administrativo, con exclusión de los consejeros que participaron en la decisión inicial[16].

16 Ley 1437 de 2011, artículo 149A.

Capítulo 2

Medios de control

2.1. INTRODUCCIÓN

Los medios de control jurisdiccional en materia contenciosa administrativa constituyen herramientas procesales diseñadas principalmente para proporcionar a las personas, ciudadanos y administrados, los mecanismos que les permitan someter, *prima facie*, la actividad de la administración pública al escrutinio de la jurisdicción de lo contencioso administrativo.

Es importante destacar que, aunque estos instrumentos fueron concebidos inicialmente para ejercer un control judicial sobre la administración, también existe la posibilidad de que sea esta quien los utilice frente a otra entidad pública, sus propias actuaciones[17] o incluso frente a particulares.

Además, es relevante señalar que el ámbito de acción de los medios de control no se limita exclusivamente al control de la actividad administrativa. Esto se debe a la posibilidad de emprender reclamaciones contenciosas administrativas basadas en la labor de los agentes judiciales. Un ejemplo de esto es la pretensión de reparación de los daños y perjuicios derivados de la privación injusta de la libertad, el defectuoso funcionamiento de la administración de justicia o el error jurisdiccional[18], así como las reclamaciones vinculadas a la responsabilidad del Estado legislador.

---

17 Dando lugar a lo que tradicionalmente se ha conocido como "acción de lesividad".

18 A las que se alude en los artículos 65 al 69 de la Ley 270 de 1996.

Cabe destacar la diversidad de los medios de control en materia contenciosa administrativa, cuyo diseño generalmente se fundamenta en las causas que pueden justificar la reclamación judicial. Así, existen diversos tipos de medios de control, entre ellos:

a) Aquellos dirigidos a realizar un control de legalidad[19] de los actos administrativos[20], o que permiten de forma adicional, la pretensión de restablecimiento de derechos o la reparación de daños y perjuicios[21].

b) Los fundamentados en la generación de daños antijurídicos, con el objetivo de buscar su reparación[22].

c) Los enfocados en la protección de derechos o intereses colectivos[23].

d) Los orientados a la imposición de sanciones de carácter jurisdiccional[24].

e) Aquellos que buscan la protección del patrimonio público a través de la pretensión de repetición[25].

En efecto, es importante destacar que existen medios de control para los cuales el marco legal no requiere la presentación de una reclamación específica, ya que su ejercicio no

---

19 O de constitucionalidad, según el caso.

20 Como ocurre con la nulidad, nulidad por inconstitucionalidad, nulidad electoral, nulidad de cartas de naturaleza.

21 Nulidad y restablecimiento del derecho y eventualmente reparación, algunas controversias contractuales, entre otros.

22 Tal como sucede con la reparación directa, demanda de grupo o algunos tipos de controversias contractuales.

23 Como ocurre con el mecanismo para la protección de derechos e intereses colectivos, comúnmente denominado como "acción popular".

24 Como es el caso de la pérdida de investidura o la pérdida del cargo.

25 Medio de control de repetición.

está condicionado a la formulación de una pretensión procesal ni al ejercicio del derecho de acción. Esto se evidencia, por ejemplo, en la figura conocida como "control inmediato de legalidad", contemplada en el artículo 136 del Código de Procedimiento Administrativo y de lo Contencioso Administrativo (CPACA).

Es crucial resaltar también aquellos medios de control que no se centran exclusivamente en el control de legalidad de un acto administrativo en sentido estricto, sino más bien en un proyecto de acto administrativo. Esto se aprecia en figuras derivadas de las disposiciones establecidas en los artículos 305 numeral 9° y 315 numeral 6° de la Constitución Política. Asimismo, hay medios cuyo propósito es exigir el cumplimiento de la normativa a aquellos a quienes les corresponde hacerlo[26].

También se encuentran figuras procesales que, a pesar de su discreta regulación legal y su aparente similitud con trámites incidentales, pueden considerarse, al analizar en detalle su contenido y, sobre todo, sus efectos, como medios de control en toda la extensión de la palabra. Esto se observa claramente en los mecanismos contemplados por los artículos 237 al 239 del CPACA[27].

Por último, se identifican medios de control que hacen parte de la "diáspora" legislativa, es decir, que no quedaron compilados en la Ley 1437 de 2011, pero que aún tienen plena vigencia y aplicación. Algunos de ellos están previstos en la

---

26 Tal como sucede con la llamada "Acción de cumplimiento".

27 Denominados como "prohibición de reproducción de acto suspendido o anulado".

normativa local[28], mientras que otros se encuentran en normativa supranacional[29].

En resumen, el objetivo principal de este capítulo es llevar a cabo un estudio de los medios de control contencioso administrativos. Sin embargo, antes de abordar este análisis, es crucial realizar una precisión conceptual sobre el alcance de la noción de medio de control y su relación, y principalmente, diferencia con instituciones del derecho procesal como la acción procesal y la pretensión.

2.2. PRECISIÓN CONCEPTUAL. MEDIOS DE CONTROL, ACCIÓN PROCESAL Y PRETENSIÓN

Como se mencionó al inicio de este capítulo, los medios de control son los instrumentos o mecanismos procesales diseñados para garantizar a los administrados, y, de hecho, a la propia administración, la posibilidad de someter sus controversias al conocimiento de la Jurisdicción de lo Contencioso Administrativo[30]. En su elaboración, que es atribuible

---

28 Como es el caso de la denominada "Acción especial contenciosa administrativa para pedir la nulidad y el restablecimiento del derecho del acto de expropiación por vía administrativa o para controvertir el precio indemnizatorio", del que da cuenta el artículo 71 de la Ley 388 de 1997.

29 Como sucede con la "Acción de nulidad absoluta o la acción de nulidad relativa" prevista en materia de nulidad marcaria en la Decisión 486 de 2000 de la Comunidad Andina de Naciones.

30 De hecho, debe anotarse, que también marcan el camino para las actuaciones judiciales que tienen como origen el cumplimiento de la ley o un deber legal. En ese sentido, existen medios de control, como el control inmediato de legalidad, que puede ser iniciado por cumplimiento del deber legal de la administración de someter el acto al examen judicial, o, por el deber legal de la autoridad judicial, de revisar el acto oficiosamente cuando la

principalmente al legislador[31], se definen las características procesales, legitimación, propósitos o utilidad, requisitos de procedibilidad, entre otras condiciones definidas en la ley, con el fin de garantizar su operatividad para encausar la pretensión procesal, la reclamación o la actuación judicial, según corresponda.

En este sentido, es acertada la elección del CPACA al utilizar la expresión "medios de control" para referirse a estos mecanismos procesales. Aunque es importante señalar que dicha denominación ya se utilizaba en el título XI del Decreto 01 de 1984, la diferencia radica en que ahora, en un sentido técnico procesal estricto, no se considera sinónima de las mal denominadas "acciones contencioso-administrativas". Estas últimas suponían un entendimiento confuso e inadecuado de la figura procesal conocida como la "acción procesal". Desde una concepción abstracta, como lo hace la moderna disciplina del derecho procesal, esta acción no es más que el "derecho de acceder a la jurisdicción o el derecho de acción". Como tal, no está sujeta a las condiciones de una reclamación concreta y mucho menos a las exigencias legales previstas para el uso de un medio de control judicial específico.

---

autoridad administrativa omite su remisión, y también para salir en defensa del sistema jurídico.

31 Por cuanto en varias oportunidades su creación es de rango constitucional, como ocurre por ejemplo con los medios de control conocidos como "acción de grupo", "acción popular" y "acción de cumplimiento".

Así las cosas, la acción procesal es un derecho autónomo[32] y abstracto[33] que se tiene de acceder a la justicia por el solo hecho de ser persona. Este derecho se ejercita en igual medida, con independencia de la naturaleza del conflicto, su causa o la pretensión procesal que pueda formularse. Como tal no se agota con una reclamación específica y no se ve afectado por consecuencias procesales diseñadas para los mecanismos concretos de reclamación judicial, como la caducidad. Por lo tanto, no es apropiado hablar de la caducidad de la acción, ya que este derecho, el derecho de acción, no está sujeto a caducidad[34].

La concepción abstracta de la acción procesal no solo tiene los efectos previamente descritos, sino que también implica que no es apropiado hablar de "indebida escogencia de la acción" o "indebida acumulación de acciones". Dado que se concibe la acción como una figura única, indivisible y abstracta, que simplemente no se puede elegir, no hay posibilidad de

---

32 En la medida en que su existencia no es dependiente de la existencia de otro derecho subjetivo y, por tal razón, desde el siglo XIX se reconoce su autonomía. Para tal entendimiento fue determinante la celebérrima polémica sobre la *actio*, llevada a cabo entre los destacados teóricos Bernhard Windscheid y Theodor Muther.

33 En contraposición a las tesis concretas sobre la acción, las tesis abstractas tienen como común denominador el entendimiento de que la acción es un derecho encaminado a que se profiera una sentencia (a que se resuelva una controversia) sin condicionarla a que sea favorable. Lo fundamental es, como lo sostenía Devis Echandía, que se ejerza la función jurisdiccional y que se logre poner fin al proceso, pero, ante todo, lo esencial es que este pueda tener inicio, es decir, que exista la posibilidad de acceder a la jurisdicción. DEVIS ECHANDÍA, HERNANDO. Compendio de Derecho Procesal, 8ª ed. T.I Bogotá: ABC, 1981, pp. 186.

34 Entonces, ¿sobre qué opera la figura procesal de la caducidad? Como se verá más adelante, sobre la oportunidad que se tiene para formular una reclamación o una pretensión concreta.

cometer un error en su ejercicio. La noción de indebida escogencia de la acción se basa en un error tradicional arraigado en el derecho colombiano durante gran parte del siglo XX[35],

[35] En honor a la verdad, la Ley 130 de 1913, que puede ser denominada como el primer Código Contencioso Administrativo colombiano, no utilizó en ninguna parte de su articulado la expresión "acción o acciones", por el contrario, apeló a los términos: "cuestiones suscitadas sobre la validez", como ocurrió en los literales a y b del artículo 38 y literal (a) del artículo 39; "demanda", como sucedió en el literal c del artículo 38, y los artículos 53 y siguientes; "recursos contencioso-administrativos" tal como quedó contemplado en el literal g del artículo 38 y en el artículo 81, todo lo cual evidencia, que este estatuto legal no fue el origen de la idea de las "acciones contencioso administrativas". Tampoco lo hizo la Ley 85 de 1916, que respecto de la nulidad electoral utilizó la expresión "demanda", tal como puede corroborarse en los artículos 184, 185 y 188 al 190. Por el contrario, en la Ley 80 de 1935, si se utilizó el término de "acción" para referirse al mecanismo de control judicial. Así, por ejemplo, se indicaba en su artículo 1°, que aludía a la "acción de nulidad", así como el artículo 4° que hacía referencia a la "acción privada". Por su parte, la Ley 22 bis de 1936, que contemplaba la revisión de las cartas de naturaleza, tampoco apeló a la expresión "acción", como se observa en su artículo 22. Pero la Ley 167 de 1941, el segundo Código Contencioso Administrativo, fue prolífica en la denominación de los mecanismos de control judicial de competencia de la jurisdicción contenciosa administrativa. Así, por ejemplo, hizo referencia en el artículo 34, a las expresiones "contenciones", "asuntos", "causas o negocios contenciosos", "decisiones", "juicios", "recursos contenciosos administrativos". A su turno, los artículos 62 y 71 utilizaron la expresión "recurso ante la Jurisdicción contencioso-administrativa", pero los artículos 66, 67 y 68 si se refirieron a la expresión "acción", lo cual da cuenta de la gran confusión reinante en la época en torno a este tópico. De ahí en adelante, se hizo frecuente la utilización de la expresión "acción" para referirse a los mecanismos de control jurisdiccional, como ocurrió, por ejemplo, con el Decreto 528 de 1964, que en su artículo 30 se refirió a las "acciones de plena jurisdicción", y claro está, el Decreto 01 de 1984, que enfatizó en la utilización del vocablo acción para referirse a los

derivado de la confusión entre las nociones de acción y pretensión. Además, esta idea se sustenta en la ya superada tesis concreta sobre la acción[36].

En relación con la indebida acumulación de acciones, se parte del mismo error de principio. Si se entiende la acción como el derecho abstracto de acceder a la justicia, se trata del mismo derecho, independientemente de la pretensión o reclamación que se formule en la instancia judicial. Esto implica que no se puede acumular indebidamente cuando se recurre a la acción, porque, en última instancia, la acción es única. Esta idea refleja otra confusión conceptual relacionada con las pretensiones procesales que estuvo arraigada en el derecho colombiano, dando origen a la noción de que existían múltiples "acciones" y que, en ocasiones, no era jurídicamente viable acumularlas. Sin embargo, este planteamiento evidencia el equívoco conceptual subyacente, ya que a lo que realmente se refería era a la indebida acumulación de pretensiones, aspecto hoy corregido por la Ley 1437 de 2011, como puede evidenciarse, por ejemplo, en su artículo 165 que posibilita, bajo ciertas condiciones, acumular pretensiones de nulidad, nulidad y restablecimiento del derecho, relativas a contratos y de reparación directa[37].

---

medios de control, tal como se verifica de la lectura de los artículos 84, 85, 86 y 87 de ese tercer Código Contencioso Administrativo.

36 Tesis que proponían que la acción estaba dirigida a la obtención de sentencia favorable, es decir, concebida como un derecho concreto en cuanto su eficacia afectaba solo al adversario. ALSINA, HUGO. Tratado teórico-práctico de derecho procesal civil y comercial, 2ed. T.I. Buenos Aires: Ediar, 1963, pp. 312.

37 Ley 1437 de 2011, artículo 165.

En resumen, a pesar de las múltiples acepciones que ha tenido la acción procesal[38], desde la perspectiva de la tesis abstracta, se entiende como el derecho público, autónomo y abstracto, de acceder a la jurisdicción. En otras palabras, es la facultad que tiene toda persona para recurrir al Estado y solicitar su intervención en el ejercicio de la función pública jurisdiccional para la resolución de controversias[39]. Esto implica que el titular de tal derecho subjetivo puede ser cualquier persona, su destinatario es el Estado en el marco de su función jurisdiccional, y el objeto del derecho es la prestación jurisdiccional, o, en otras palabras, el acceso a la administración de justicia.

Finalmente, es importante destacar que la pretensión procesal no es un derecho[40]; más bien, se trata de un acto de declaración de voluntad, un acto jurídico procesal[41] fundamentado en la afirmación de un sujeto de ser merecedor de la tutela jurídica y la aspiración a que esta se haga efectiva[42]. En ese sentido, la pretensión procesal, requiere la presencia de contendores, es decir, demandante y demandado, ya que su contexto es el litigio. No existe pretensión sin contraparte o sin adversario[43].

---

38 RAMIREZ ARCILA, CARLOS. Teoría de la acción. Bogotá: Temis, 1969, pp. 7 y ss.

39 ROJAS LÓPEZ, JUAN GABRIEL. La acción procesal. En: Derecho Procesal Contemporáneo. Medellín: Universidad de Medellín, 2010, pp. 220-221.

40 ROJAS LÓPEZ, JUAN GABRIEL. Por un régimen unitario de mecanismos de control judicial a la Administración pública. Medellín: Comlibros, 2007, pp. 41.

41 QUINTERO, BEATRIZ. Teoría General del Proceso, 3ª ed. Temis, 2000, pp. 256.

42 RAMIREZ ARCILA, CARLOS. Citado por Gonzalo Armienta Calderón. La acción contencioso administrativa. En: Derecho procesal moderno, 1988, pp. 380.

43 Sobre este punto resultan bastante claros los planteamientos de Beatriz Quintero, cuando explica el elemento subjetivo de la pretensión procesal. Óp. Cit. p.258.

En base a lo expuesto, es evidente que la expresión "medio de control" no es sinónima de la acción procesal ni de la pretensión. Por ejemplo, el medio de control de nulidad con restablecimiento del derecho implica características procesales específicas previstas en la legislación[44]. De hecho, este medio de control siempre conlleva una acumulación de pretensiones como la de nulidad, restablecimiento del derecho y eventualmente reparación. Contrariamente, el emblemático caso del medio de control inmediato de legalidad se caracteriza por la ausencia de pretensión, lo que permite destacar la diferencia entre el medio de control y las pretensiones que pueden promoverse a través de él. Por otro lado, la acción procesal no es más que la facultad abstracta de recurrir a la jurisdicción, y este derecho se ejerce de la misma manera, independientemente de que se formulen pretensiones a través de un medio de control o de otro.

2.3. MEDIO DE CONTROL DE NULIDAD. INTRODUCCIÓN

El medio de control de nulidad o simple nulidad, como suele ser llamado, constituye el más clásico de los mecanismos de control judicial a la administración pública, y sin duda, uno de los más importantes y decantados teóricamente, pero antes de adentrarnos en el estudio de la estructura procesal de este medio de control, es relevante precisar el alcance o significado de lo implica la nulidad de un acto en sí misma.

---

44 Presupuestos procesales, legitimación, procedimiento, competencia judicial etc.

2.3.1. La nulidad. Aproximación conceptual

La nulidad es la consecuencia prevista por el ordenamiento jurídico ante la presencia de vicios invalidantes del acto jurídico, es decir, es una sanción legal por contravenir la ley o el orden superior[45], que tiene como finalidad el restablecimiento de la legalidad[46]. En el caso concreto del derecho administrativo, la nulidad de los actos administrativos se deriva de la presencia de los vicios que afecten su validez, los cuales se encuentran asociados principalmente, a los elementos estructurales del acto administrativo.

En ese sentido, el artículo 137 del CPACA, enuncia las causales de nulidad de los actos administrativos, que serían aplicables a todos los medios de control de naturaleza impugnatoria, dejando la salvedad sobre aquellos eventos en los cuales la normativa ha previsto causales de nulidad especiales, como ocurre, por ejemplo, con las causales de nulidad propias del ámbito electoral[47] o de la nulidad de las cartas de naturaleza[48].

Frente a las causales genéricas de nulidad previstas en el artículo 137 en mención, debe señalarse que, por regla general, se encuentran asociadas a los vicios invalidantes que afectan los elementos estructurales del acto administrativo, así:

En torno al elemento orgánico o subjetivo del acto administrativo (el sujeto), que debe tener como virtud la aptitud legal para actuar en el marco de sus funciones (competencia),

---

45 Pero se advierte que no es una sanción punitiva. ROJAS LÓPEZ, JUAN GABRIEL. Derecho Administrativo Sancionador. Universidad Externado de Colombia, 2020, pp. 93-94.

46 HINESTROSA, FERNANDO. Tratado de las Obligaciones II. V. II. Universidad Externado de Colombia, 2016, pp. 711.

47 Ley 1437 de 2011, artículo 275.

48 Ley 2332 de 2023, artículo 31.

puede verse afectado por el vicio de incompetencia, una de las más significativas causales de nulidad.

Respecto del elemento denominado como "el objeto", correspondiente a lo que se decide, debe estar conforme al ordenamiento jurídico superior, dado que, de no ser así, se generaría el vicio de infracción de las normas en las que debería fundarse (violación de norma superior). Por su parte, los motivos o la causa del acto, deben ser un reflejo de la realidad, estar basados en los hechos, de lo contrario permitirían estructurar el vicio de falsa motivación[49].

El elemento teleológico, el fin del acto administrativo, debe ser lícito y acorde a las razones para las cuales se otorgó la competencia. De no ser así, se configuraría el vicio de desviación de poder. En cuanto a las formas, el acto administrativo debe cumplir con los requisitos exigidos en la normativa, so pena de configurar el vicio de expedición irregular. Por último, el desconocimiento del derecho de audiencia y de defensa, es decir, del debido proceso, también constituye causal de nulidad del acto administrativo.

En síntesis, la nulidad del acto administrativo es la consecuencia legal derivada de la acreditación de la presencia de un vicio que afecte su validez jurídica y que permita desvirtuar su

49 Se llama falsa motivación y no falso motivo, por la razón elemental de que la única forma de imputar falsedad al motivo es cuando este se ha dado a conocer, es decir, cuando se ha cumplido con la carga de la motivación. Si esta no se ha dado, no es posible decir que el motivo es falso, al ser desconocido, al quedar en el ámbito del fuero interno de la administración, o, mejor dicho, de los servidores que adoptaron la decisión. La falta de motivación, por el contrario, no da lugar al vicio de falsa motivación, a lo sumo, podría constituir el vicio de expedición irregular, en el caso en que la motivación fuera obligatoria al configurar de esta manera un vicio de forma.

presunción de legalidad[50], mediante la sentencia declarativa correspondiente.

2.3.2. El medio de control de nulidad

Este medio de control está enfocado en la verificación de la legalidad de los actos administrativos. Se considera un instituto procesal público o popular, en la medida en que se habilita a cualquier persona para su utilización[51], tal como lo indica el artículo 137 del CPACA, lo cual se explica dado que su finalidad debe estar en sintonía con la salvaguarda del orden jurídico superior y ello, en sí mismo, representa un propósito claro de defensa del interés colectivo.

De ahí que también se califique este medio de control como un instrumento contencioso objetivo, en atención a esa finalidad de procura de la protección del ordenamiento jurídico en sentido abstracto y no a la reivindicación de un derecho subjetivo.

Este medio de control se caracteriza por contener una única pretensión, la de nulidad del acto administrativo, precisamente, y en esa esa medida, tal pretensión constituye un fin en sí misma, pues lo que se busca con la declaración de nulidad, no es otra cosa que la corrección o restablecimiento del ordenamiento jurídico.

Ese propósito de protección del ordenamiento jurídico e interés general es el que ha conducido al legislador a establecer unas condiciones especiales desde el punto de vista procesal. Por ejemplo, se prevé que, por regla general, no existe término de caducidad para pretender la nulidad simple de los

---

50 Ley 1437 de 2011, artículo 88.

51 Y en esa medida no se requiere de abogado para su presentación.

actos administrativos[52], a excepción de los casos referidos a la nulidad de los actos previos a la celebración del contrato[53], o a la nulidad de los actos de adjudicación de baldíos[54].

Se resalta que el artículo 137 del CPACA acertó en la determinación sobre los actos administrativos susceptibles de control judicial por la vía de la simple nulidad, contribuyendo a poner fin a una compleja polémica suscitada a principios de siglo, con ocasión de la interpretación que hacía el Consejo de Estado del artículo 84 del Decreto 01 de 1984 y de la emisión de la histórica Sentencia C-426 de 2002 de la Corte Constitucional que generó un enfrentamiento entre estas dos altas cortes de justicia[55].

---

52 Ley 1437 de 2011, artículo 164, numeral 1°, literal (a).

53 Ley 1437 de 2011, artículo 164, numeral 2°, literal (c).

54 Ley 1437 de 2011, artículo 164, numeral 2°, literal (e).

55 Durante muchos años el Consejo de Estado sostuvo que la figura de la simple nulidad prevista en el artículo 84 del Decreto 01 de 1984, solo era procedente frente a actos administrativos de carácter general, y que excepcionalmente se podía formular contra actos de carácter particular, cuando la ley lo autorizara expresamente o en los casos en los que estuviera en juego el orden público, o un especial interés social o económico del país, y todo ello, pese a que el artículo 84 mencionado, no hacía tal distinción. Precisamente, a raíz de una demanda de inconstitucionalidad promovida ante la Corte Constitucional, contra la norma que se desprendía del artículo 84 del CCA, fue que este tribunal se pronunció a través de la sentencia C-426 de 2002, por medio de la cual se declaró la exequibilidad del artículo 84, bajo la condición de que se entendiera que la simple nulidad también era procedente frente a los actos de carácter particular en tanto la pretensión fuera exclusivamente para ejercer el control de legalidad en abstracto, para salvaguardar el derecho de acceso a la justicia, decisión que generó la reacción del Consejo de Estado, quien mediante la polémica sentencia de Sala Plena de lo Contencioso Administrativo (no unánime) de marzo de 2003, decidió desconocer la decisión de la Corte Constitucional y mantenerse en su posición. Consejo de Estado. Sala Plena de la Contencioso

La redacción del artículo permite entender que, en buena medida, quedaron representadas las tesis defendidas tanto por el Consejo de Estado como por la Corte Constitucional, al estipularse que el medio de control de nulidad es procedente para realizar el control de legalidad de los actos administrativos de carácter general o abstracto, pero que, por vía de excepción, es posible utilizarlo frente a los actos de carácter particular, en los siguientes casos:

1. Cuando con la demanda no se persiga o de la sentencia de nulidad que se produjere no se genere el restablecimiento automático de un derecho subjetivo a favor del demandante o de un tercero.
2. Cuando se trate de recuperar bienes de uso público.
3. Cuando los efectos nocivos del acto administrativo afecten en materia grave el orden público, político, económico, social o ecológico.
4. Cuando la ley lo consagre expresamente.

Sin embargo, y a pesar del propósito aclaratorio consignado en este artículo, sigue siendo necesaria una precisión que guarda relación con el hecho de que la restricción relativa a la procedibilidad del medio de control de nulidad frente a un acto de carácter particular, cuando se genere un restablecimiento automático del derecho para el demandante o un tercero, a la que solo alude el numeral 1°, no puede dar lugar a interpretar que tal restricción, también aplica a los eventos previstos en los numerales 2°, 3° y 4°, pese a que el parágrafo del artículo no prevea ninguna distinción al respecto, lo cual no puede conducir a entender, que en el caso de los tres numerales mencionados, se deba tramitar la demanda conforme

---

Administrativo. Sentencia del 3 de marzo de 2003, Radicación número: 11001-03-24-000-1999-05683-02(IJ-030).

a las reglas del medio de control de nulidad y restablecimiento del derecho.

En otras palabras, es posible utilizar el medio de control de nulidad simple con el propósito de obtener un restablecimiento automático de derechos, en los casos señalados en los numerales 2, 3 y 4 del artículo 137 del CPACA, puesto que esa es, precisamente, la razón de ser de la permisión legal, dado que no podría entenderse, por ejemplo, que la recuperación de un bien de uso público derivada como consecuencia de la declaración de nulidad de un acto, no constituya en sí misma, el restablecimiento automático del derecho de la entidad pública, o que la reversión de los graves efectos nocivos del acto declarado nulo, que afecta el orden político, social, económico o ecológico, no sean un ejemplo del restablecimiento, pese a lo cual, el trámite que debe darse es el correspondiente al medio de control de nulidad, y no, de nulidad y restablecimiento del derecho.

De hecho, el propio numeral 1° podría interpretarse de una forma en que se garantice la primacía de los derechos y principios contemplados en la Constitución Política, en especial, en el artículo 229 superior, en aquellos casos en los cuales el restablecimiento automático de derechos, como consecuencia de la nulidad, no le genere perjuicio o afectación a nadie. El caso que se propone para sustentar esta tesis es de la sanción disciplinaria de destitución, que siempre viene acompañada de la inhabilidad para el desempeño de cargos públicos.

Si la persona que fue sancionada no impetró su demanda a través del medio de control de nulidad con restablecimiento del derecho, y operó la caducidad, o quizá, no presentó el recurso obligatorio frente al acto sancionatorio, quedaría, en principio, inerme para controvertir la legalidad del acto administrativo, a pesar de que al acto pudiese estar viciado de nulidad.

Es claro, que, al no cumplir los presupuestos procesales para promover el medio de control de nulidad con restablecimiento del derecho, no podrá pretender el restablecimiento de sus derechos patrimoniales, no podrá aspirar a volver al cargo que desempeñaba, y mucho menos a que desde el punto de vista prestacional y salarial se disponga que no hubo solución de continuidad. Sin embargo, será de su interés que desaparezca la inhabilidad como consecuencia de la nulidad del acto, para garantizar sus derechos fundamentales e inclusive sus derechos políticos.

En este punto, tal restablecimiento automático del derecho es absolutamente inocuo frente a terceros y, de hecho, frente a la entidad demandada, pues solo consistiría en la desaparición de la inhabilidad, lo cual, se insiste, no afecta a nadie, y, por el contrario, constituiría una medida eficaz para salvaguardar los derechos del afectado en caso de salir avante la pretensión anulatoria.

Si por el contrario se está en presencia de un caso en el cual no se pueda aplicar ninguna de las tres causales mencionadas, y se desprendiere que se persigue o se pudiera llegar a presentar el restablecimiento automático de un derecho que afecte a alguien, la regla general, según la cual será improcedente la formulación de la pretensión de nulidad a través de este medio de control frente al acto administrativo de carácter particular, seguirá incólume, pero se podrá dar aplicación a lo dispuesto en el parágrafo del artículo 137 del CPACA, que permite darle trámite en los términos previstos para el medio de control de nulidad y restablecimiento del derecho, claro está, siempre y cuando se cumpla con los presupuestos procesales para ello.

Por último, no sobra mencionar que siempre que se pretenda la nulidad de un acto administrativo, que como tal se encuentra revestido de la presunción de legalidad, será necesario construir un cargo tendente a desvirtuar tal presunción, lo cual deberá realizarse en el acápite de la demanda conocido como "norma violada y concepto de violación", en el que habrá de reflejarse el análisis sobre los vicios que afectan al acto administrativo como condición necesaria para la confrontación normativa que será decidida en la instancia judicial, escenario en donde aún impera el criterio de la justicia rogada en los ámbitos impugnatorios.

2.4. MEDIO DE CONTROL DE NULIDAD Y RESTABLECIMIENTO DEL DERECHO

El artículo 138 del CPACA consagra la figura conocida como el medio de control de nulidad con restablecimiento del derecho, un instrumento ordinario de acumulación de pretensiones, por lo que, a diferencia de lo ocurrido con el medio de control de nulidad, en este se presentan o pueden presentarse pretensiones de diversa estirpe, a saber: de nulidad del acto, de restablecimiento del derecho, y de reparación de daños y perjuicios[56].

---

[56] La distinción realizada por el legislador entre las pretensiones de restablecimiento del derecho y de reparación es de vieja data, pues así mismo, estaban establecidas en el artículo 85 del Decreto 01 de 1984. En todo caso, no es una regulación caprichosa, pues se fundamenta en la diferencia existente entre estas dos categorías de pretensiones. El restablecimiento del derecho es la consecuencia lógica de la declaratoria de nulidad del acto administrativo y de los efectos retroactivos de tal decisión, al punto, de que puede llegar a ocurrir de manera automática, y a pesar de ser una medida de reparación, en estricto sentido no agota todo este concepto. Por su parte, la reparación supone el deber de asumir las consecuencias patrimoniales del daño imputable, así tales consecuencias no deriven de los efectos retroactivos de la nulidad del acto. ROJAS LOPEZ, JUAN GABRIEL. La Responsabilidad extracontractual del Estado por los actos administrativos. En: La Responsabilidad Extracontractual del Estado. Universidad Externado de Colombia, 2015, pp. 420-423.

Si bien la primera pretensión en este medio de control es la nulidad, esta no está llamada a cumplir la misma finalidad que desempeña tal pretensión en el medio de control de nulidad. Ello, por cuanto mientras que, en aquel, la nulidad es un fin en sí mismo, en este, constituye un medio para un fin, y el fin es el restablecimiento del derecho y la eventual reparación, por lo que la pretensión de nulidad aquí desempeña un papel de carácter instrumental.

Precisamente por ese propósito de las pretensiones encaminadas al restablecimiento de los derechos subjetivos, este medio de control es el típico ejemplo de un instrumento contencioso subjetivo, dada la naturaleza de los derechos en juego, y, por tal razón, la normativa dispone que, para estar habilitado para utilizarlo, se debe cumplir la condición de sentirse lesionado en un derecho subjetivo amparado en una norma jurídica[57].

El carácter subjetivo del medio de control también es determinante para que se prevea que, por regla general, la demanda deba formularse dentro del término legal estipulado, que suele ser de cuatro meses[58], so pena de caducidad, aunque excepcionalmente puedan existir términos diferentes para su presentación[59], o, de hecho, permitirse la presentación de la

---

57 Lo cual supone, que no sea solo el destinatario del acto administrativo, tratándose de un acto de carácter particular, el único habilitado para la presentación de la reclamación judicial, en la medida en que todos aquellos afectados por el daño antijurídico derivado del acto viciado de nulidad, podrán pretender la reparación en atención al postulado consagrado en el artículo 90 constitucional.

58 Contados a partir del día siguiente a la notificación, comunicación, publicación o ejecución del acto.

59 Tal como lo indica el artículo 164 de la Ley 1437 de 2011, numeral 2° literal e.

demanda en cualquier tiempo[60]. Tal carácter también es determinante de la exigencia del derecho de postulación, por lo que, necesariamente, en este caso se deberá obrar a través de abogado[61].

A diferencia de lo ocurrido en el Decreto 01 de 1984, el CPACA, tuvo el acierto de establecer de manera expresa en el artículo 138, que este medio de control podía ser utilizado tanto frente a actos administrativos de contenido particular, como frente a actos de carácter general, lo cual es apenas lógico, bajo el entendido de que sin distinción, ambos tipos de actos administrativos pueden llegar a lesionar los derechos subjetivos amparados en una norma jurídica y, por tal razón, estipular de una vez la posibilidad de solicitar su amparo a través de esta vía procesal, resulta acorde a los principios y derechos plasmados en la Constitución Política en aras de garantizar el acceso al sistema judicial.

Ahora bien, tal posibilidad supone la necesidad de hacer algunas distinciones respecto de los presupuestos procesales que habrán de ser cumplidos en el caso de la impugnación judicial de actos de contenido particular y de actos de carácter general. La primera distinción está relacionada con la exigencia de la formulación de los recursos obligatorios, como requisito de procedibilidad, la que solo será aplicable en el caso de los actos administrativos de contenido particular, por cuanto frente a los actos de carácter general no procede ningún recurso[62].

La segunda, por su parte, se refiere a una precisión en torno al inicio de la contabilización del término para la presentación oportuna de la demanda, dado que, en el caso de los actos

---

60 Como lo dispone el artículo 164 de la Ley 1437 de 2011, numeral 1° literales c y d.

61 Ley 1437 de 2011, artículo 160.

62 Ley 1437 de 2011, artículo 75.

generales, cuando existe acto intermedio, de ejecución o cumplimiento del acto general, este se contabilizará a partir de la notificación de este último y no de la publicación de aquel.

En cuanto a las pretensiones que se pueden acumular en este medio de control, vale la pena resaltar algunos aspectos:

Respecto de la pretensión de nulidad del acto administrativo, es del caso señalar que no hay diferencia alguna en comparación a la pretensión de nulidad contemplada para el medio de control de nulidad, ya que las causales[63] y lo solicitado son idénticos. En este punto, se subraya la importancia de distinguir entre el concepto de pretensión y el concepto de medio de control[64].

Por su parte, la pretensión de restablecimiento del derecho debe guardar relación con los efectos que trajo consigo el acto cuya nulidad se pretende, y claro está, que se espera "desaparezcan" como consecuencia de la sentencia que declare su nulidad.

En torno a la pretensión de reparación, debe advertirse que debe estar precedida de la pretensión de imputación de responsabilidad, como es apenas obvio, en tanto se parte de la base de que los daños y perjuicios que le sirven de fundamento

---

63 Las causales genéricas del artículo 137 de la Ley 1437 de 2011.

64 La pretensión es un acto de declaración de voluntad, por ejemplo, la pretensión de nulidad del acto administrativo. El medio de control, por su parte, es el instrumento procesal contentivo de unas características procesales que permite, generalmente, la presentación de una o más pretensiones. Así, por ejemplo, en el medio de control de nulidad con restablecimiento del derecho, la nulidad es una de varias pretensiones, mientras que, en el medio de control de nulidad, la pretensión de nulidad es la única pretensión. Sin embargo, si se confrontan exclusivamente las dos pretensiones de nulidad, que no los medios de control, se podrá concluir que no existe diferencia alguna.

no solo deben ser acreditados, sino, tener origen en el acto cuya nulidad se pretende.

Por último, no está de más recordar que, los actos de contenido particular susceptibles de ser demandados ante la jurisdicción contenciosa, son los actos definitivos[65] al margen de que sean expresos o presuntos, y si el acto fue objeto de recursos ante la administración, se entenderán demandados los actos que los resolvieron[66].

2.5. MEDIO DE CONTROL DE NULIDAD POR INCONSTITUCIONALIDAD

El artículo 237 de la Constitución Política constituye el sustento normativo de este medio de control judicial, asignando al Consejo de Estado la función de "tribunal constitucional[67]" de la función administrativa. Esta atribución se establece de manera residual, indicando que el Consejo de Estado conocerá de "las acciones" de nulidad por inconstitucionalidad que promuevan los ciudadanos[68] frente a los decretos emitidos por el Gobierno Nacional cuando la competencia no corresponda a la Corte Constitucional[69].

Adicionalmente, el artículo 135 del Código de Procedimiento Administrativo y de lo Contencioso Administrativo (CPACA)

---

65 Ley 1437 de 2011, artículo 43.

66 Ley 1437 de 2011, artículo 163.

67 Calificación que reiteradamente ha sido rechazada por la Corte Constitucional, como puede observarse desde la expedición de la sentencia C-037 de 1996.

68 Es del caso señalar que este es un instrumento ciudadano, representativo de un derecho político y por tal razón la ciudadanía es condición de procedibilidad constitucional.

69 Constitución Política de Colombia, artículo 237, numeral 2º.

establece que este medio de control se basará en la infracción directa de la Constitución. Asimismo, señala que puede ser empleado no solo contra los decretos gubernamentales, sino también frente a actos de carácter general emanados de entidades u organismos diferentes al Gobierno Nacional, con fundamento en una disposición constitucional expresa que así lo permita. No obstante, a pesar de la aparente claridad de estos enunciados normativos, es pertinente realizar algunas precisiones:

En primer lugar, el criterio residual nos obliga a recordar cuáles son aquellos decretos cuyo control de constitucionalidad ha sido asignado a la Corte Constitucional[70]. Es fundamental precisar que, independientemente de su denominación[71], estos decretos son aquellos emitidos en el marco de la función legislativa[72], lo cual puede ocurrir como resultado de

---

70 Constitución Política de Colombia, artículo 241, numerales 5° y 7°.

71 Decretos leyes, con fuerza de ley o decretos legislativos.

72 En los albores de la década de los años 90 del siglo pasado, la certeza en torno a ciertos aspectos legales estaba lejos de ser clara. En ese periodo, se suscitó un debate sobre la competencia del Consejo de Estado para pronunciarse acerca de la constitucionalidad de decretos, incluso aquellos emitidos en el ámbito de funciones legislativas, como lo evidenció la decisión del Consejo Superior de la Judicatura, Sala Jurisdiccional Disciplinaria, con base en el artículo 256 numeral 6o. de la Constitución Política (vigente en ese entonces).
En la providencia del 13 de octubre de 1994, radicación 2902-A, con ponencia del magistrado Rómulo González Trujillo, dicha corporación judicial abordó el conflicto suscitado respecto al Decreto 1421 de 1993, el cual estableció el régimen especial para el Distrito Capital de Santa Fe de Bogotá. En dicha instancia, se dilucidó la competencia para examinar la constitucionalidad del mencionado decreto, concluyendo que dicha competencia recaía en el Consejo de Estado.
En un fragmento crucial, la Sala Jurisdiccional Disciplinaria afirmó: "Con base en los planteamientos expuestos, a esta Sala Jurisdiccional Disciplinaria del Consejo Superior de la Judicatura no le cabe la menor duda de que la competencia para conocer de las demandas

una delegación expresa del legislador[73], debido a la inacción legislativa[74], por mandato constitucional en el marco de los estados de excepción[75], en relación con algunos artículos transitorios de la Constitución[76] o en virtud de autorizaciones derivadas de reformas constitucionales a través de actos legislativos[77].

En todos los casos mencionados anteriormente, se reitera que la competencia para el control de constitucionalidad recae en la Corte Constitucional y no en el Consejo de Estado. En cambio, al Consejo de Estado le corresponde, *prima facie*, conocer de la nulidad por inconstitucionalidad de aquellos decretos que no han sido asignados a la Corte Constitucional.

---

señaladas que cursan contra el Decreto 1421 de 1993, en todo o en parte, por una supuesta inconstitucionalidad, corresponde al Consejo de Estado en virtud de la competencia residual consagrada en el artículo 237 numeral 2o. de la Carta a favor de esta Corporación". De este modo, se estableció con claridad la competencia del Consejo de Estado en casos de inconstitucionalidad, consolidando un precedente importante en el sistema jurídico de la época. Consejo de Estado. Sala de lo Contencioso Administrativo. Sección Cuarta. MP: Consuelo Sarria Olcos. Sentencia del 9 de junio de 1995. Expediente: 24-CE-SEC4-EXP1995-N5667.

73 Como es el caso de lo dispuesto en el artículo 150 numeral 10° de la Constitución Política de Colombia.

74 Según lo establece el penúltimo inciso del artículo 341 superior.

75 Artículos 212, 213 y 215 de la Constitución Política.

76 Como ocurrió, por ejemplo, con el artículo transitorio 5° de la Constitución, fruto de lo cual se expidió, por ejemplo, el Decreto 2591 de 1991, o el artículo transitorio 23, fuente del Decreto 2067 de 1991.

77 Tal cual sucedió con los múltiples decretos emitidos en desarrollo del Acto Legislativo 01 de 2016 (expedido en el marco del acuerdo de paz con las Farc), o del Decreto Ley 403 de 2020, fundamentado en el parágrafo transitorio del artículo 2° del Acto Legislativo 04 de 2019, para tan solo citar algunos ejemplos.

En segundo lugar, es importante señalar que el medio de control de nulidad por inconstitucionalidad solo puede aplicarse a decretos emitidos por el Gobierno Nacional o, en todo caso, a actos de carácter general emitidos por otras autoridades u organismos del nivel nacional[78]. Queda explícitamente descartado el uso de este medio de control frente a actos de carácter particular o, incluso, de carácter general emanados de autoridades u organismos del ámbito territorial. También se excluye su aplicación cuando el fundamento normativo no sea la propia Constitución Política.

En tercer lugar, es crucial aclarar el significado de la infracción directa de la Constitución, dado que dicho concepto no está explícitamente definido en la Constitución ni en la ley. No obstante, se vincula con la vulneración directa de una norma de rango constitucional, sin que dicha vulneración implique la

---

78 Que como bien lo señaló la Corte Constitucional en el argumento 6.3 de la sentencia C-400 de 2013, estas autoridades u organismos son aquellas facultadas expresamente para expedir ese tipo de actos. Al respecto manifestó: "*Por otra parte, con relación a lo que predica el principio de competencia residual, esta Corte encuentra que la carta política atribuye la producción de actos de contenido normativo a órganos distintos al Congreso y al Gobierno Nacional, como los que expide el Consejo Superior de la Judicatura (art. 257 Const.), el Consejo Nacional Electoral (art. 265 ib.), la Contraloría General de la República (art. 268 ib.) y el Banco de la República (arts. 371 y 372 ib.), los cuales no tienen fuerza de ley propiamente tal, a pesar de sus especiales características e importancia dentro del ordenamiento jurídico.*
Así, fijado que el constituyente quiso asignar expresamente a tales autoridades la competencia normativa en los asuntos allí dispuestos, excluyéndolos de aquella reservada al Congreso, corresponderá al Consejo de Estado el conocimiento de los mismos conforme a la regla, según la cual, compete al tribunal supremo de lo contencioso administrativo conocer de la nulidad por inconstitucionalidad de los decretos o actos que no están atribuidos a la Corte Constitucional (arts. 237-2 superior y 135 de la Ley 1437 de 2011)". Corte Constitucional. Sala Plena. M. P. Nilson Pinilla. Sentencia del 3 de julio de 2013, C-400 de 2013.

transgresión de una norma de rango diferente, como podría ser una ley. En cualquier caso, la infracción directa de la Constitución implica que la confrontación normativa del acto bajo examen no puede basarse en la violación de la ley; necesariamente, debe fundamentarse en la violación de la Constitución Política. Por lo tanto, el cargo de nulidad debe centrarse de manera exclusiva en el vicio de inconstitucionalidad.

Las aclaraciones previas proporcionan el fundamento para abordar un aspecto problemático de la utilización del medio de control de nulidad por inconstitucionalidad, según la interpretación del Consejo de Estado. Este asunto se relaciona con la determinación de si la infracción o violación directa de la Constitución, que permite la aplicación de este medio de control, solo puede presentarse en el caso de los denominados decretos autónomos o constitucionales. Esta perspectiva, actualmente predominante[79], sostiene que solo aquellos decretos expedidos en reglamentación directa de la Constitución son susceptibles de este medio de control[80] (tesis restrictiva). Sin embargo, se plantea la interrogante sobre si es posible considerar, que tal medio de control también pueda utilizarse en el caso de los decretos reglamentarios de la ley u otro tipo de decretos generales diferentes a los mencionados decretos autónomos (tesis extensiva).

---

79 Como quedó en evidencia con los argumentos expresados por el Consejo de Estado en las múltiples providencias emitidas con ocasión de las numerosas demandas ciudadanas promovidas frente a los decretos nacionales emitidos en virtud de la emergencia sanitaria derivada del virus de la covid-19, en las que el Consejo de Estado inadmitió las demandas de inconstitucionalidad o las adecuó al trámite del medio de control de nulidad, con fundamento en que los actos acusados no eran decretos constitucionales o autónomos.

80 Consejo de Estado. Sala de lo Contencioso Administrativo. Sección Primera. M. P. Libardo Rodríguez Rodríguez. Sentencia del 19 de febrero de 1998. Radicación: CE-SEC1-EXP1998-N4200 (250537).

La discusión planteada no carece de importancia, ya que la conclusión a la que se arribe será crucial para determinar la viabilidad del medio de control de nulidad por inconstitucionalidad[81]. Por ende, resulta pertinente realizar una revisión más detallada del tema antes de adentrarnos en el análisis de las características procesales asociadas a esta figura.

2.5.1. Tesis restrictiva

En resumen, lo que se plantea desde la perspectiva de la que denominaremos tesis restrictiva, es que el medio de control de nulidad por inconstitucionalidad solo procede cuando se pretende la nulidad de un decreto o reglamento constitucional autónomo[82], y no frente a otro tipo de decretos de carácter general[83].

---

81 Al respecto puede leerse el interesante artículo de Héctor Santaella, sobre debates y dilemas en materia de control judicial al acto administrativo. SANTAELLA QUINTERO, HÉCTOR. Debates y dilemas en materia de control judicial del acto administrativo en tiempos del Código de Procedimiento Administrativo y de lo Contencioso Administrativo. En: Balance, reforma y perspectivas del Código de Procedimiento Administrativo (Ley 1437 de 2011) en su décimo aniversario. Universidad Externado de Colombia, 2022, p. 237.

82 Consejo de Estado. Sala Plena de lo Contencioso Administrativo. M. P. Manuel Santiago Urueta Ayola. Auto del 1° de enero de 1998. Radicación: 64-CE-SP-EXP1998-NAI042 (244885).

83 De hecho, desde la década de los años noventa, ya se planteaba que el medio de control de nulidad por inconstitucionalidad estaba determinado por la naturaleza del decreto, y en tal sentido, si el decreto era de índole eminentemente administrativa, como los reglamentarios, debía ser controlado a través del medio de control de nulidad. Consejo de Estado. Sala de lo Contencioso Administrativo. Sección Primera. M. P. Juan Alberto Polo Figueroa. Sentencia del 16 de octubre de 1997. Radicación: CE-SEC1-EXP1997-NAI025 (242316). En el mismo sentido. Consejo de Estado. Sala de lo Con-

Como ejemplo de esta tesis se señala la providencia de diciembre de 2021, en la que el Consejo de Estado sostuvo, al decidir sobre la admisión de una demanda de nulidad por inconstitucionalidad presentada, que debía interpretarse como de simple nulidad, y en consecuencia, se debía admitir en ese contexto, tras concluir que el acto cuya nulidad se pretendía no era un reglamento constitucional autónomo o que hubiera sido expedido en ejercicio de atribuciones permanentes o propias derivadas directamente de la Constitución[84].

Así mismo, en otra providencia de la época y en la que se expuso tal criterio, afirmó la alta corporación judicial, ratificando varios precedentes jurisprudenciales, que:

> *por vía jurisprudencial se ha precisado que son presupuestos del medio de control de nulidad por inconstitucionalidad los siguientes: i) Que la disposición acusada sea de carácter general, expedida por el Gobierno Nacional o por cualquier entidad diferente, en ejercicio de una atribución derivada de la Constitución misma; ii) Que se trate de un reglamento autónomo o constitucional, es decir, que desarrolle directamente la Constitución sin la existencia de ley previa; iii) Que el juicio de validez, o el reproche endilgado al acto enjuiciado, se realice de manera directa frente a la Constitución, no a la ley; iv) Que la revisión de la disposición demandada no sea de competencia*

---

tencioso Administrativo. Sección Primera. M. P. Ernesto Rafael Ariza. Sentencia del 27 de noviembre de 1997. Radicación: CE-SEC1-EXP1997-NAI016 (242315).

84 Consejo de Estado. Sala de lo Contencioso Administrativo. Sección Primera. M. P. Roberto Augusto Serrato. Auto del 15 de diciembre de 2021. Radicación: 1001-03-24-000-2021-00877-00. En el mismo sentido, Consejo de Estado. Sala de lo Contencioso Administrativo. Sección Primera: M. P. Roberto Augusto Serrato. Auto del 30 de septiembre de 2021. Radicación: 11001-03-24-000-2021-00438-00. También: Consejo de Estado. Sala de lo Contencioso Administrativo. Sección Primera. M. P. Hernando Sánchez Sánchez. Auto del 17 de marzo de 2019. Radicación: 11001-03-24-000-2018-00342-00.

de la Corte Constitucional en los términos del artículo 241 de la Constitución Política[85].

De igual forma, en otra decisión, el Consejo de Estado argumentó que como el acto demandado no se había expedido en desarrollo de una norma constitucional, y que tal requisito era indispensable para la procedencia del medio de control de nulidad por inconstitucionalidad, que solo era procedente frente a los reglamentos o decretos constitucionales o autónomos, que al caso había de darse el trámite de la nulidad, pero antes de ello también aclaró, que comoquiera que el acto demandado había sido expedido por un concejo municipal, debía ser remitido ante los juzgados correspondientes para su conocimiento y decisión[86].

También ocurrió el caso, en el que el Consejo de Estado admitió inicialmente el medio de control de nulidad por inconstitucionalidad frente a decretos reglamentarios, pero con posterioridad y tras el cambio de magistrado ponente, decidió realizar la adecuación al trámite de nulidad simple[87], en aplicación de la tesis restrictiva imperante desde larga data.

---

85 Consejo de Estado. Sala de lo Contencioso Administrativo. Sección Primera. M. P. Nubia Margoth Peña. Auto del 10 de diciembre de 2021. Radicación: 11001-03-24-000-2021-00834-00.

86 Consejo de Estado. Sala de lo Contencioso Administrativo. Sección Primera. M. P. Oswaldo Giraldo López. Auto del 1° de diciembre de 2021. Radicación: 11001-03-24-000-2021-00264-00.

87 Así ocurrió en el caso de la demanda de nulidad por inconstitucionalidad instaurada en contra del artículo 2.2.7.4.5 del Decreto 1084 de 2015. Admitida la demanda mediante auto del 1° de febrero de 2019, fue adecuada después a través de auto del 12 de abril de 2021. Consejo de Estado. Sala de lo Contencioso Administrativo. Auto del 12 de abril de 2021MP: Martín Bermúdez Muñoz, Radicación: 11001-03-26-000-2017-00131-00

También, se ha afirmado que pese a que en la demanda se invoquen causales de nulidad fundamentadas en la violación de la Constitución, ello no supone, *per se*, que se trate del medio de control de nulidad por inconstitucionalidad[88], ratificándose de esa manera la tesis restrictiva sobre la procedencia de este medio de control.

En sintonía con tales argumentos, la Corte Constitucional mediante sentencia C-060 de 2023, declaró exequible la interpretación judicial realizada por el Consejo de Estado respecto del artículo 135 del CPACA, en cuanto a los requisitos para la procedencia del medio de control de nulidad por inconstitucionalidad, señalando:

> *En primer lugar, que la disposición acusada sea un decreto de carácter general, dictado por el Gobierno nacional o por otra entidad u organismo, en ejercicio de una expresa atribución constitucional.*
>
> *En segundo lugar, que el juicio de validez se realice mediante la confrontación directa con la Constitución Política, no respecto de la ley. Sobre el particular ha dicho la Corporación que tampoco procede el medio de control de nulidad por inconstitucionalidad cuando las normas constitucionales son objeto de desarrollo legal, porque en estos casos el análisis de la norma demandada "necesariamente involucrará el análisis de las disposiciones de rango legal [...]", además de la Constitución.*
>
> *En tercer lugar, que la disposición acusada no sea un decreto ley expedido en ejercicio de facultades extraordinarias ni un decreto legislativo, porque éstos, conforme a los numerales 5 y 7 del artículo 241 constitucional, son de competencia de la Corte Constitucional.*

---

[88] Consejo de Estado. Sala de lo Contencioso Administrativo. Sección Tercera. MP: Martha Nubia Velásquez. Auto del 22 de octubre de 2021. Radicación: 11001-03-26-000-2016-00015-00. En el mismo sentido. Consejo de Estado. Sala de lo Contencioso Administrativo. Sección Primera: M. P. Oswaldo Giraldo López. Auto del 13 de octubre de 2021. Radicación: 11001-03-24-000-2021-00158-00.

> *En cuarto lugar, se ha establecido que el acto acusado debe tratarse de un reglamento constitucional autónomo*[89]*, es decir, aquel que se expide en ejercicio de atribuciones permanentes o propias que le permiten aplicar o desarrollar de manera directa la Constitución*[90].

De esta forma, y en armonía con lo expresado en los argumentos de la Sentencia C-400 de 2013, la Corte Constitucional garantizó su hegemonía como único tribunal constitucional de Colombia, tras el respaldo al criterio hermenéutico del Consejo de Estado, que en la práctica renunció a tal papel, al menos, a través de esta importante figura procesal. En resumen, la tesis restrictiva conduce a entender que el medio de control de nulidad por inconstitucionalidad quedó sometido a un doble criterio residual:

El primero, que fue planteado expresamente por el constituyente, y según el cual, se debe tratar de decretos emitidos por el Gobierno Nacional, cuya competencia no corresponda a la Corte Constitucional.

El segundo, que se deriva de la interpretación realizada por el Consejo de Estado, respaldada por la Corte Constitucional, y según la cual, se debe tratar, adicionalmente, de decretos autónomos emitidos por el Gobierno Nacional u otras autoridades diferentes del orden nacional, cuyo trámite no corresponda al medio de control de simple nulidad.

---

89 De hecho, no han sido pocas las voces que, al interior de la propia Corte Constitucional, han señalado que precisamente la Constitución de 1991 pretendió abolir tales decretos autónomos. Por ejemplo, el magistrado Rodrigo Escobar Gil, así lo hizo en la aclaración de su voto frente a la Sentencia C-738 de 2001, o el magistrado Jaime Araujo Rentería, en su aclaración de voto frente a la sentencia C-1290 de 2001.

90 Corte Constitucional. Sala Plena. M. P. Alejandro Linares Cantillo. Sentencia de 2023. C-060 de 2023.

Ello es así, por cuanto la exigencia realizada por el Consejo de Estado para la procedencia de este medio de control ha conducido a que en la práctica tenga poca relevancia e incidencia como instrumento de protección de la supremacía constitucional, lo cual guarda relación con el reducido número de decretos constitucionales o autónomos que se emiten o se pueden emitir desde que entró en vigor la Constitución de 1991[91], y, en consecuencia, con la poca aplicación de la figura. Prueba de ello, es que la inmensa mayoría de las demandas presentadas en el contexto del medio de control de nulidad por inconstitucionalidad, terminan con la decisión judicial de adecuación al trámite correspondiente a la simple nulidad, en un ejemplo clásico de auto limitación de un órgano judicial, que so pretexto de argumentos decantados con el paso de los años, como el que se cuestiona, terminó desdibujando el papel que la propia Constitución le asignó como un verdadero Tribunal Constitucional.

---

91 En vigencia de la Constitución de 1886, eran más comunes este tipo de decretos, pero con la Constitución de 1991, las posibilidades de emitirlos son sustancialmente menores, y en esa medida son pocos los decretos autónomos o reglamentos constitucionales que se pueden encontrar. Sin embargo, se pueden citar los siguientes ejemplos: El Decreto 1207 de 2021, emitido en virtud del Acto Legislativo 02 de 2021, El Acuerdo 01 del 9 de marzo de 2018, (Reglamento General de la Jurisdicción Especial para la Paz), sometido parcialmente a control judicial por la vía de nulidad por inconstitucionalidad- Consejo de Estado. Sala Plena de lo Contencioso Administrativo. M. P. Roberto Augusto Serrato. Sentencia del 7 de septiembre de 2021. Radicación: AI 11001-03-24-000-2018-00441-00, y el Decreto 92 de 2017, emitido en reglamentación directa del artículo 355 (Demanda en trámite radicado:11001032600020180011300).

2.5.2. *Tesis extensiva*

En esencia denominaremos como tesis extensiva, a aquella que defenderemos y que permitiría que el medio de control de nulidad por inconstitucionalidad no se agote en el control judicial de los decretos autónomos o constitucionales, y en consecuencia, posibilite extender tal control a otro tipo de decretos generales del orden nacional, partiendo de la base de que la Sentencia de la Corte Constitucional C-060 de 2023, no supuso que el debate quedara cerrado, y mucho menos, que el Consejo de Estado no pueda cambiar su interpretación respecto de este medio de control en aras de la reivindicación de su papel como tribunal constitucional funcional.

En ese contexto, denominaremos, en primer lugar, como tesis extensiva moderada, a aquel criterio que se ha adoptado en casos especiales para admitir la posibilidad del control judicial por la vía de la nulidad por inconstitucionalidad frente a decretos que no son en estricto sentido autónomos o reglamentos constitucionales, tal como se afirmó en la decisión relativa a una tutela presentada frente a la Presidencia de la República por temas asociados al uso de la fuerza y las armas de fuego en manifestaciones populares. En esa oportunidad, entre otras cosas, el propio Consejo de Estado manifestó que si el accionante consideraba que el Decreto 003 del 5 de enero de 2021 no cumplía con el mandato convencional y constitucional de que el uso de armas de fuego debía estar prohibido, por regla general, contaba con el medio de control de nulidad por inconstitucionalidad, regulado en el artículo 135 de la Ley 1437 del 2011 y el cual, según se afirmó, era un mecanismo judicial idóneo para controvertir dicha norma[92]. Es de anotar,

---

92 Consejo de Estado. Sala de lo Contencioso Administrativo. Sección Quinta. M. P. Rocío Araújo Oñate. Sentencia del 15 de julio de 2021. Radicación: 11001-03-15-000-2021-02232-00AC

que el Decreto 003 de 2021, fue emitido en cumplimiento de una orden impartida en una sentencia de tutela proferida por la Corte Suprema de Justicia[93], y no en reglamentación directa de la Constitución Política.

Otro ejemplo representativo de esta tesis, lo podemos hallar en los casos en los que el Consejo de Estado ha indicado, que los actos generales que desarrollan los decretos legislativos proferidos durante los estados de excepción, pueden ser objeto del medio de control de nulidad por inconstitucionalidad o nulidad, siempre que se invoquen normas diferentes a las examinadas en el medio de control inmediato de legalidad[94], lo cual, en estricto sentido, tampoco supone la reglamentación directa de la Constitución, pero se aplaude que reconozca tal posibilidad.

Por otra parte, denominaremos como tesis extensiva en estricto sentido, a aquella que entiende la importancia del papel que está llamado a desempeñar el Consejo de Estado como tribunal constitucional[95], y que en esa medida, interpreta que el medio de control de nulidad por inconstitucionalidad, no

---

93 Corte Suprema de Justicia. Sala de Casación Civil. Sentencia del 22 de septiembre de 2020. Radicación: 11001-22-03-000-2019-02527-02.

94 Consejo de Estado. Sala Plena de lo Contencioso Administrativo. M. P. Roberto Augusto Serrato. Sentencia del 19 de abril de 2021. 11001-03-15-000-2020-01399-00 .CA. En el mismo sentido: Consejo de Estado. Sala Plena de lo Contencioso Administrativo. M. P. Roberto Augusto Serrato. Sentencia del 17 de febrero de 2021. Radicación: 11001-03-15-000-2020-01204-00, CA ACUMULADOS 11001-03-15-000-2020-01713-00 y 1100. También: Consejo de Estado. Sala 17 de Decisión Especial. M. P. Jaime Enrique Rodríguez. Auto del 2 de julio de 2020. Radicación: 11001-03-15-000-2020-02777-00.

95 Al margen de que según lo expresó la Corte Constitucional en la sentencia C-400 de 2013, desde la perspectiva orgánica la única entidad que tiene el carácter de tribunal constitucional es la Corte Constitucional, sin embargo, es claro que ello no es así desde la

debe estar reservado a los decretos autónomos o reglamentos constitucionales, sino, al control de constitucionalidad en abstracto frente a los decretos generales del orden nacional emitidos por el Gobierno Nacional[96]cuya competencia no corresponda a la Corte Constitucional, en tanto los cargos se fundamenten en auténticos vicios de inconstitucionalidad y no de simple ilegalidad.

Y ello debe ser así, por cuanto, el papel que está llamado a cumplir el Consejo de Estado, en el marco del medio de control de nulidad por inconstitucionalidad, va más allá de las facultades asignadas en el contexto del medio de control de nulidad, pues no es gratuito, que el legislador haya previsto no solo que el Consejo de Estado no estará limitado para proferir su decisión a los cargos formulados en la demanda[97], pudiendo ampliar el análisis de la confrontación normativa con cualquier norma constitucional, pronunciarse en la sentencia sobre las normas que a su juicio conforman unidad normativa con aquellas demandadas, asignado un procedimiento judicial especial[98], sino, que adicionalmente fue dotados de unas facultades que pueden incidir en los efectos a la sentencia, dado que pese a establecerse que los mismos serán hacia el futuro, el Consejo de Estado podrá disponer de efectos diferentes, todo lo cual está dirigido a garantizar que esta corporación judicial pueda realizar la función de mantenimiento de la integridad de la Constitución.

---

perspectiva funcional. En igual sentido, puede verse la sentencia C-037 de 1996.

96 O por las otras autoridades de ese orden, en los términos del artículo 135 del CPACA.

97 Propio del modelo de justicia rogada generalmente aceptado en el ámbito del medio de control de nulidad.

98 Ley 1437 de 2011, artículo 184.

De hecho, en una de las primeras sentencias emitidas en el marco de este medio de control, con posterioridad a la entrada en vigencia de la Constitución de 1991, el Consejo de Estado efectuó el control de constitucionalidad de un decreto reglamentario que fijaba la tarifa del impuesto de retención en la fuente, no obstante lo cual, se señaló que tal decisión supuso la violación de los artículos 121 y 338 de la Constitución, toda vez que el ejecutivo se arrogó facultades propias del legislador[99], y con posterioridad, en otras oportunidades ha admitido también tal posibilidad de control frente a decretos no calificados como autónomos[100]

Con posterioridad, y con fundamento en la expedición de las leyes 270 de 1996 y 446 de 1998[101], el Consejo de Estado fue del criterio de que eran susceptibles de control por la vía de la nulidad por inconstitucionalidad, los actos que no fueran típicamente administrativos[102], lo cual contrariaba tácitamente

99 Consejo de Estado. Sala de lo Contencioso Administrativo. Sección Cuarta. MP: Delio Gómez Leiva. Sentencia del 29 de abril de 1994. NR: 241651.

100 En ocasiones se ha admitido la procedencia de este medio de control frente a actos administrativos reglamentarios, tal como ocurrió con la demanda encaminada a que se declarara la nulidad por inconstitucionalidad del artículo 1° del Decreto Reglamentario 4476 de 2007. Consejo de Estado. Sala de lo Contencioso Administrativo. Sección Segunda. M. P. Luís Rafael Vergara. Sentencia del 30 de junio de 2011. Radicado: 11001-03-25-000-2009-00031-00(0658-09).

101 Ley 446 de 1998, artículo 33, numeral 7°.

102 Consejo de Estado. Sala de lo Contencioso Administrativo. Sección Primera. MP: Gloria Inés Navarrete. Sentencia del 18 de mayo de 2000. Radicación: CE-SEC1-EXP2000-N5578 (252183). En el mismo sentido: Consejo de Estado. Sala Plena de lo Contencioso Administrativo. M. P. Daniel Suárez Hernández. Sentencia del 18 de junio de 1998. Radicación: CE-SEC3-EXP1998-N11120 (241951).

las viejas tesis del propio Consejo de Estado[103] y de la Corte Suprema de Justicia[104] respecto de que los decretos autónomos eran el reflejo de una auténtica función administrativa.

Por su parte, la Corte Constitucional en la Sentencia C-560 de 1999[105] indicó categóricamente que los decretos a los que se aludía con la expresión sometida a examen de constitucionalidad de la Ley 446 de 1998, eran auténticos actos administrativos. Al respecto, expresó en aquella oportunidad:

> *¿Qué significa entonces, la expresión "y que no obedezca a función propiamente administrativa", materia de acusación? Para la Corte, no tiene otro sentido que el reiterar, en forma explícita (más allá de las contingencias de una disputa teórica) y por potísimos motivos de seguridad jurídica, que ellos quedan comprendidos en la categoría de actos que el Constituyente sustrajo de la competencia de la Corte Constitucional. Se trata de actos administrativos no sólo por el órgano de donde proceden sino también por su forma y, en principio, por su contenido*[106].

De hecho, mediante Sentencia C-037 de 1996, la Corte Constitucional declaró la inexequibilidad de un apartado del artículo 49 del proyecto de Ley "Estatutaria de la Administración de Justicia", que se convertiría en la Ley 270 de 1996, y en el cual, entre otras cosas, se listaban los decretos frente a los cuales sería procedente el medio de control de nulidad por inconstitucionalidad.

---

103 Consejo de Estado, Sentencia de 14 de noviembre de 1962, M. P. Carlos Gustavo Arrieta.

104 Como bien se resume en la sentencia C-021 de 1993. Corte Constitucional. Sala Plena. Sentencia del 28 de enero de 1993. MP: Ciro Angarita Barón. Sentencia C-021 de 1993.

105 En la que se efectuó el control de constitucionalidad sobre un apartado del numeral 7º del artículo 33 de la Ley 446 de 1998.

106 Corte Constitucional. Sala Plena. MP: Carlos Gaviria Diaz. Sentencia del 4 de agosto de 1999. Sentencia C-560 de 1999.

En aquella oportunidad indicó la Corte Constitucional, como fundamento de la decisión de inconstitucionalidad, que la Constitución no limitó los alcances de este medio de control en los términos referidos en el proyecto de ley estudiado[107].

---

[107] Al respecto, se indicó en dicha sentencia: "Por otra parte, conviene preguntarse: ¿Sobre cuáles decretos se puede pronunciar el Consejo de Estado en ejercicio de la competencia prevista en el numeral 2o del artículo 237 constitucional? La respuesta es evidente: sobre todos los que no estén contemplados dentro de las atribuciones que la Constitución Política confiere a la Corte Constitucional (Art. 241 C.P.). Así, entonces, resulta inconstitucional que el legislador estatutario entre a hacer una enumeración taxativa de los decretos objeto de control por parte del tribunal supremo de lo contencioso administrativo, pues ello no está contemplado en el artículo 237 en comento y tampoco aparece en parte alguna de esa disposición -como sí sucede para el numeral 1o- una facultad concreta para que la ley se ocupe de regular esos temas. Limitar de esa forma los alcances del numeral 2o del artículo 237 de la Carta es a todas luces inconstitucional y, por lo mismo, obliga a la Corte a declarar la inexequibilidad de la siguiente expresión del artículo bajo examen: "*ni al propio Consejo de Estado como Tribunal Supremo de lo Contencioso Administrativo. Para tal efecto, la acción de nulidad por inconstitucionalidad se tramitará con sujeción al mismo procedimiento previsto para la acción de inexequibilidad y podrá ejercitarse por cualquier ciudadano contra las siguientes clases de decretos: 1. Los dictados por el Gobierno Nacional en ejercicio de facultades constitucionales y con sujeción a leyes generales, cuadro o marco; 2. Los dictados por el Gobierno Nacional en ejercicio de las leyes que le confieren autorizaciones; 3. Los dictados por el Gobierno Nacional en ejercicio de las leyes que confieren mandatos de intervención en la economía; y, 4. Los dictados por el Gobierno Nacional en ejercicio de facultades que directamente le atribuye la Constitución y sin sujeción a la ley previa*".
En cuanto al último inciso de la norma que se examina, habrá de declararse la inexequibilidad de la expresión "*que para estos efectos obra como tribunal constitucional*". En cuanto a la parte restante, como se explicó, resulta ajustado a la carta política entender que la Sala Plena de lo Contencioso Administrativo hace las veces de "Consejo de Estado", para efectos de conocer de la nulidad de los

No obstante, lo antedicho, como ya se advirtió, la Corte Constitucional consideró en la Sentencia C-060 de 2023, que la interpretación restrictiva del Consejo de Estado, respecto del alcance del artículo 135 del CPACA, es exequible, pese a que tal posición, es, de hecho, más restrictiva de lo que se había previsto en el artículo 49 del Proyecto de Ley Estatutaria de la Administración de Justicia.

En resumen, sostener la interpretación de que el medio de control de nulidad por inconstitucionalidad solo es aplicable a decretos autónomos o reglamentos constitucionales implica restringir de manera injustificada la capacidad del Consejo de Estado para desempeñar su papel como guardián de la integridad de la Constitución. Esta limitación privaría a la ciudadanía de un importante instrumento de control judicial sobre la actividad administrativa, especialmente dado el reducido número de actos gubernamentales que, en la práctica, serían susceptibles de este medio de control.

Por último, debe resaltarse que el medio de control de nulidad por inconstitucionalidad es un instrumento solo habilitado para ciudadanos, corresponde a un contencioso objetivo cuyo propósito está enfocado en la reivindicación del orden constitucional, se encuentra sometido a un trámite procesal especial, y no está sometido a término legal alguno para su formulación.

---

decretos a los que se ha hecho referencia". Corte Constitucional. Sala Plena. Sentencia del 5 de febrero de 1996. M. P. Vladimiro Naranjo Mesa. Sentencia C-037 de 1996.

2.6. MEDIO DE CONTROL DE NULIDAD ELECTORAL

Este medio de control judicial es uno los instrumentos más antiguos del derecho contencioso administrativo colombiano[108], y en la actualidad tiene fundamento tanto en la Constitución Política[109] como en la Ley 1437 de 2011[110].

Siempre, se ha considerado como un contencioso popular (al igual que la simple nulidad) dado que está previsto en la normativa, que cualquier persona está habilitada para pedir la nulidad de los actos de contenido electoral, entendiendo por tales, no solo los actos de elección por voto popular, sino todo tipo de acto de elección y de nombramientos[111], así como la nulidad de los actos de llamamiento para proveer vacantes en las corporaciones públicas, al tenor del artículo 139 del CPACA, disposición que también indica, que en las elecciones por voto popular, las decisiones adoptadas por las autoridades electorales que resuelvan sobre reclamaciones o irregularidades respecto de la votación o de los escrutinios, deberán demandarse junto con el acto que declara la elección, lo que obliga al demandante a precisar en qué etapas o registros electorales se presentan las irregularidades o vicios que inciden en el acto de elección.

---

108 Tiene sus raíces en la Ley 85 de 1916, artículos 179 y siguientes.

109 Constitución Política de Colombia, artículo 237 numeral 7°, adicionado por el Acto Legislativo 1 de 2009.

110 Ley 1437 de 2011, artículo 139.

111 Se aclara que procede frente a cualquier tipo de elección, sea esta por voto popular, por voto no popular, o frente a cualquier tipo de nombramiento, con independencia de la naturaleza del empleo público del que se trate o del nivel que corresponda. Ahora bien, por obvias razones, no procede la nulidad electoral en el caso de los trabajadores oficiales, dado que estos no se vinculan a través de acto administrativo, sino, de contrato de trabajo.

La nulidad electoral es un contencioso objetivo, en la medida en que se supone que su uso está fundamentado en la defensa de la legalidad en sentido abstracto, es decir, del respeto del orden jurídico, y no, por la reivindicación de un derecho subjetivo. Tampoco tiene propósitos punitivos.

Se resalta que las causales de nulidad electoral son de dos tipos: las causales genéricas de nulidad de los actos administrativos contempladas en el artículo 137 del CPACA, y las causales de nulidad especiales previstas en el artículo 275 del mismo estatuto procesal.

No obstante, lo anterior, es del caso señalar que los actos de naturaleza electoral no son enjuiciables a través del medio de control de simple nulidad, sino, de manera exclusiva, por medio del contencioso de nulidad electoral, a pesar de que la pretensión de nulidad pueda ser la misma, o que, en gran medida, las causales de nulidad puedan ser comunes, y esto es así, porque se entiende que la nulidad electoral es la "simple nulidad" de los actos de contenido electoral.

Tal precisión no es inocua, dado que los presupuestos procesales de ambos medios de control presentan diferencias significativas, comenzando por el término para presentar oportunamente la demanda[112], así como se encuentra previsto un procedimiento judicial diferenciado, y se derivan efectos diferentes de la sentencia que declare la nulidad del acto administrativo[113]. Sin embargo, no ocurre lo mismo cuando el acto de naturaleza electoral afecta derechos subjetivos, y el propósito del actor está encaminado a su reivindicación, caso en el cual se permite que acuda al medio de control de nulidad

---

112 Por ejemplo, en cuanto al término para presentar la demanda que en el caso de la nulidad electoral corresponde a un término de 30 días, según lo señala el artículo 164 numeral 2°, literal a, de la Ley 1437 de 2011.

113 Ley 1437 de 2011, artículo 288.

con restablecimiento del derecho señalado en el artículo 138 del CPACA, teniendo en cuenta sus presupuestos procesales[114].

Tampoco se permite que los actos administrativos de naturaleza electoral puedan ser demandados a través del medio de control para la protección de los derechos o intereses colectivos prevista en la Ley 472 de 1998, pues como se advirtió, el contencioso de nulidad electoral tiene sus particularidades.

En cuanto al término legal para pretender la nulidad de un acto administrativo electoral, es de advertir que será de treinta (30) días, y si la elección se declara en audiencia pública el término se contará a partir del día siguiente; en los demás casos de elección y en los de nombramientos se cuenta a partir del día siguiente al de su publicación efectuada en la forma prevista en el inciso 1o del artículo 65 del CPACA. En las elecciones o nombramientos que requieren confirmación, el término para demandar se contará a partir del día siguiente a la confirmación.

---

114 De hecho, la posibilidad de la concurrencia del medio de control de nulidad electoral con el de nulidad con restablecimiento del derecho, tiene sus propias complejidades, comenzando por aquella que deriva de la posibilidad de que el acto se declare nulo en el marco del medio de control de nulidad, y que este mismo acto esté siendo enjuiciado a través del medio de control de nulidad y restablecimiento del derecho, que por la estructura del proceso aplicable, se demoré más en llegar a la etapa definitoria. En ese punto, se debe considerar que los efectos de la sentencia que declara la nulidad hacen tránsito a cosa juzgada, pero no pueden servir de excusa para impedir un pronunciamiento en el marco del proceso que tramita el contencioso subjetivo de nulidad con restablecimiento del derecho, dado que, si bien es cierto, no existe la "*reanulación*" del acto administrativo, si se debe considerar estarse a lo resuelto en torno al tópico de la nulidad, pero desatar la controversia frente al restablecimiento del derecho, para verificar si al demandante, le asiste o no el derecho de reivindicar sus derechos subjetivos.

2.7. MEDIO DE CONTROL DE NULIDAD DE CARTAS DE NATURALEZA

Desde la expedición de la Ley 22 de 1936, se reguló en el derecho colombiano el medio de control de nulidad de cartas de naturaleza, y desde aquel entonces ha sido entendido como un medio de control contencioso popular y objetivo, a razón de que el propósito de la figura es el mantenimiento de la legalidad en sentido abstracto, y de que cualquier persona está habilitada para su utilización.

Este medio de control tiene de particular, la especificidad de los actos administrativos frente los cuales procede, las causales especiales de nulidad, y el término para solicitar la anulación. Con relación a lo primero, solo procede frente a las cartas de naturaleza, entendiendo por tal cosa, los actos administrativos por medio de los cuales se otorga la nacionalidad colombiana por adopción, que pueden ser de dos tipos: la carta de naturaleza en estricto sentido, y la resolución de autorización de inscripción[115].

En consideración al segundo tópico, las causales de nulidad de las cartas de naturaleza han sido en esencia las mismas a través del tiempo y de la legislación que ha desarrollado el tema, empezando por la Ley 22 de 1936[116], la Ley 43 de 1993[117], y actualmente, por la Ley 2332 de 2023[118], que dispone como causales, haberse expedido en virtud de pruebas o documentos viciados de falsedad o si el extranjero naturalizado colombiano hubiese cometido algún delito en otro país antes de radicarse en Colombia y que este dé lugar a la extradición.

---

115 Ley 2332 de 2023, artículo 3.

116 Ley 22bis de 1936, artículo 22.

117 Ley 43 de 1993, artículo 20.

118 Ley 2332 de 2023, artículo 31.

Con respecto al término para presentar la demanda a través del medio de control de nulidad de cartas de naturaleza, establece el artículo 164 del CPACA, que el mismo es de 10 años contados a partir de la fecha de su expedición[119]. Por último, y como nota especial, en el marco del proceso judicial de nulidad de carta de naturaleza no está permitido el decreto de la medida cautelar de suspensión provisional del acto administrativo[120].

2.8. MEDIO DE CONTROL INMEDIATO DE LEGALIDAD

Desde la expedición de la llamada Ley Estatutaria de los Estados de Excepción, Ley 137 de 1994, se contempló la figura del control inmediato de legalidad[121], como un instrumento encaminado a garantizar la prevalencia del orden superior en el marco de los estados de excepción. Tal figura fue incorporada casi en su totalidad, en el artículo 136 del CPACA, disposición que señaló:

> *Las medidas de carácter general que sean dictadas en ejercicio de la función administrativa y como desarrollo de los decretos legislativos durante los Estados de Excepción, tendrán un*

---

119 Ley 1437 de 2011, artículo 164, numeral 2°, literal b.

120 Ley 2332 de 2023, artículo 31, parágrafo 1°. Es de anotar que la disposición equivalente de la Ley 43 de 1993, fue sometida al control de constitucionalidad ante la Corte Constitucional. En esa oportunidad, la Corte estimó que, dada la relevancia de los derechos reconocidos por la carta de naturaleza, es decir, ni más ni menos que la nacionalidad, era legítimo que el legislador estableciera este tratamiento excepcional, en aras de la protección de los derechos y garantías que se derivan del reconocimiento de la condición de nacional colombiano. Corte Constitucional. Sala Plena. M. P. Jorge Iván Palacio. Sentencia del 16 de julio de 2015. Sentencia C-451 de 2015.

121 Ley 137 de 1994, artículo 20.

> *control inmediato de legalidad, ejercido por la Jurisdicción de lo Contencioso Administrativo en el lugar donde se expidan, si se tratare de entidades territoriales, o del Consejo de Estado si emanaren de autoridades nacionales, de acuerdo con las reglas de competencia establecidas en este Código.*
>
> *Las autoridades competentes que los expidan enviarán los actos administrativos a la autoridad judicial indicada, dentro de las cuarenta y ocho (48) horas siguientes a su expedición. Si no se efectuare el envío, la autoridad judicial competente aprehenderá de oficio su conocimiento*[122].

La característica esencial de este mecanismo de control judicial radica en que no implica el ejercicio del derecho de acción, carece de una demanda y no involucra pretensiones. En consecuencia, no se generan partes procesales, ya que su desarrollo está vinculado al cumplimiento por parte de la autoridad administrativa de enviar el acto correspondiente para su revisión judicial. En caso de omisión por parte de la autoridad administrativa, la autoridad judicial competente asumirá de oficio el conocimiento del caso, ya que también está legalmente obligada a hacerlo. Resulta paradójico, por lo tanto, que en el numeral 3º del artículo 185 del CPACA, referente al procedimiento a seguir, se utilice la expresión "auto que admite la demanda", dado que, por razones evidentes, no existe una demanda. Por ende, sería más coherente utilizar la expresión "auto que inicia el procedimiento" u otra similar para evitar inconsistencias.

Por otro lado, además de constituir un control automático y prácticamente instantáneo, este proceso implica una exhaustiva evaluación de la legalidad llevada a cabo en el ámbito judicial. Dicha revisión oficiosa carece de fundamentos específicos, lo que obliga al juez a realizar un análisis centrado en confrontar el acto con las normas superiores. Se destaca la importancia de examinar la competencia judicial, la relación de

---

[122] Ley 1437 de 2011, artículo 136.

la decisión sometida a examen con los motivos que llevaron a la declaración del estado de excepción, la observancia de las formas legales y la proporcionalidad de las medidas adoptadas para superar la crisis[123] y evitar la propagación de los efectos del estado de excepción. Todo esto pone de manifiesto la singularidad de esta figura[124].

Es crucial destacar que, si bien es cierto que el estudio realizado es integral, esto no implica que el acto administrativo no pueda ser objeto de un examen posterior mediante la presentación de un medio de control de carácter anulatorio. Como se establece en el artículo 189 del CPACA, las decisiones que confirmen la legalidad de las medidas revisadas en el ejercicio del control inmediato de legalidad tendrán efectos *erga omnes* únicamente en relación con las normas jurídicas superiores que sean objeto de examen. En contraste, si la decisión es anulatoria, lógicamente, generará tales efectos jurídicos de manera plena.

2.9. PROHIBICIÓN DE REPRODUCCIÓN DE ACTO SUSPENDIDO Y PROHIBICIÓN DE REPRODUCCIÓN DE ACTO ANULADO

Entre los artículos 237 y 239 del CPACA se establecieron dos figuras de particular importancia práctica, diseñadas para instaurar los respectivos mecanismos de control judicial destinados a regular situaciones en las que las decisiones judiciales

---

123 Consejo de Estado. Sala Plena de lo Contencioso Administrativo. Sala Veintiséis Especial de Decisión. Sentencia del 18 de diciembre de 2020. M. P. Guillermo Sánchez Luque. Radicación: 11001-03-15-000-2020-01715-00(CA)

124 Consejo de Estado. Sala Plena de lo Contencioso Administrativo. Sala Trece Especial de Decisión. Sentencia del 30 de noviembre de 2021. M. P. Myriam Stella Gutiérrez. Radicación: 11001-03-15-000-2020-03368-00 CA.

que decretaban la medida cautelar de suspensión provisional de los efectos de un acto administrativo, o emitían sentencias anulatorias, eran eludidas por las autoridades públicas pertinentes. Esta elusión se materializaba mediante la reproducción de actos administrativos afectados por la mencionada medida cautelar o, simplemente, mediante la repetición de actos que ya habían sido anulados. En ambos casos, quedaba patente una clara desobediencia a las decisiones judiciales y una violación al ordenamiento jurídico.

Estas innovadoras instituciones procesales[125], la "prohibición de reproducción de acto suspendido" y la "prohibición de reproducción de acto anulado", no se encuentran categorizadas expresamente como medios de control judicial en sentido estricto. Sin embargo, a pesar de su aparente simplicidad, posibilitan alcanzar, a través de un procedimiento ágil, los mismos objetivos que los medios de control de carácter anulatorio. Esto se evidencia en la capacidad para decretar la medida cautelar de suspensión provisional o, de hecho, la declaración de nulidad de un acto administrativo. Es importante resaltar que, en cualquier caso, su utilización no está sujeta a los requisitos procesales de los medios de control convencionales, y mucho menos, a las reglas generales de procedimiento.

En este contexto, el artículo 237 de la Ley 1437 de 2011 estableció, de manera general, la prohibición de la reproducción de un acto administrativo que hubiera sido anulado o cuyos efectos se encontraran suspendidos como resultado de la imposición de una medida cautelar. Esta restricción operaría a menos que, con posterioridad a la sentencia o al auto

125 La innovación consistió en determinar un procedimiento célere y especial para su trámite, dado que la reprochable práctica ya calificaba como causal de mala conducta en el numeral 11° artículo 76 del Decreto 01 de 1984, modificado por el Decreto 2269 de 1987.

respectivo, los fundamentos legales de la anulación o suspensión hubieran desaparecido.

Asimismo, el artículo 238 de la misma ley abordó el procedimiento en situaciones de reproducción de un acto suspendido, lo cual presupone la existencia de un proceso judicial en curso. En este caso, se establece que será suficiente solicitar la suspensión de los efectos del nuevo acto, adjuntando una copia del mismo al proceso. La decisión sobre esta solicitud se tomará de manera inmediata[126], sin importar el estado del proceso, y en la sentencia definitiva se resolverá si se declara o no la nulidad de ambos actos.

Lo peculiar en este escenario es que el ejercicio de este medio de control no implica la presentación de una demanda, y a pesar de esta aparente simplicidad, el juez tiene la facultad de declarar la nulidad del acto administrativo que dio lugar a la reproducción, si encuentra mérito para hacerlo y siempre y cuando decida anular el acto reproducido. En este caso, la tarea del juez se limitará a constatar la reproducción del acto suspendido y verificar que los fundamentos legales de la suspensión no hayan desaparecido.

En cuanto al artículo 239 del CPACA, se contempló un procedimiento específico para gestionar el mecanismo de prohibición de reproducción de un acto anulado. A diferencia del anterior, este proceso implica el inicio de un nuevo procedimiento judicial debido a la finalización del proceso judicial vinculado al acto que se reproduce.

En este contexto, la exigencia para iniciar el proceso consiste en la presentación de un escrito razonado dirigido al juez que decretó la anulación. Es importante destacar que este no

---

126 Dispuso el artículo 87 de la Ley 2080 de 2021 que la solicitud de suspensión provisional será resuelta por auto del juez o magistrado ponente.

es un documento de demanda convencional, y su fundamentación debe basarse en explicaciones que evidencien la reproducción, sin necesidad de analizar los vicios del acto administrativo, las normas violadas o el concepto de violación. Este escrito deberá acompañarse con la copia de la reproducción.

Dispone la ley, que en caso de que el juez o magistrado ponente considere justificada la acusación de reproducción ilegal, procederá a suspender de manera inmediata los efectos del nuevo acto. Además, ordenará el traslado de lo actuado a la entidad responsable de la reproducción y convocará a una audiencia con el propósito de decidir sobre la nulidad.

Durante la audiencia, el juez o Magistrado Ponente dictaminará la nulidad del nuevo acto si se demuestra que reproduce el acto anulado. En este caso, se remitirán copias a las autoridades competentes para las investigaciones penales y disciplinarias pertinentes La solicitud será rechazada si, a partir de lo discutido en la audiencia, se concluye que no se configuró la reproducción ilegal[127]

Por último, es importante advertir que el Consejo de Estado ha señalado, que, en cualquier caso, se debe acreditar que la reproducción del acto suspendido o anulado, se presentó con posterioridad a la adopción de tal decisión, y que los requisitos para su procedencia son, en resumen, (i) que exista un acto administrativo que haya sido anulado o suspendido; (ii) la reproducción de ese mismo acto, conservando la esencia de las disposiciones anuladas o suspendidas; (iii) que quien lo reproduzca sea el mismo funcionario que haya proferido el acto inicial anulado o suspendido, y (iv) que no hayan desaparecido los fundamentos legales de la anulación o suspensión[128].

---

127 Ley 1437 de 2011, artículo 239.

128 Consejo de Estado. Sala de lo Contencioso Administrativo. Sección Primera. M. P. Oswaldo Giraldo López. Auto del 29 de octubre de

2.10. NULIDAD CON RESTABLECIMIENTO DEL DERECHO O CUESTIONAMIENTO DEL PRECIO INDEMNIZATORIO EN MATERIA DE EXPROPIACIÓN ADMINISTRATIVA

El artículo 71 de la Ley 388 de 1997 consagró una figura cuya aplicación se enfoca en la decisión de expropiación por vía administrativa, y a la cual se le denominó como "acción especial contencioso-administrativa[129]", que puede tener una doble finalidad. Por una parte, la de pretender la nulidad del acto expropiatorio y el restablecimiento del derecho lesionado, y por la otra, la de controvertir el precio indemnizatorio reconocido[130].

En el primer evento, el sentido del mecanismo procesal especial es equivalente a la lógica de acumulación de pretensiones prevista en el artículo 138 del CPACA, con la diferencia de las características procesales especiales, entre las que se destaca la asignación de la competencia judicial en primera instancia en cabeza de los tribunales administrativos, con independencia

2020. Radicación: 68001-23-33-000-2019-00069-3.

129 Consejo de Estado, Sala de lo Contencioso Administrativo. Sección Primera. M. P. Roberto Serrato Valdés. Sentencia de Unificación Jurisprudencial del 11 de diciembre de 2015. Radicación: 25000-23-24-000-2006-01002-01.

130 En este sentido, es relevante la claridad realizada por el Consejo de Estado realizada en torno al acto administrativo susceptible de este medio de control, dado que, según la literalidad de la norma, solo procede frente al acto administrativo expropiatorio, y no, frente a las ofertas de compra o la decisión de expropiar por vía administrativa. Consejo de Estado. Sala de lo Contencioso Administrativo. M. P. Marco Antonio Velilla. Sentencia del 20 de febrero de 2014. Radicado: 2005-00348. En el mismo sentido: Consejo de Estado. Sala de lo Contencioso Administrativo. Sección Primera. Sentencia de 23 de julio de 2015. M. P. María Claudia Rojas Lasso. Rad.: 2005 – 04046.

de la cuantía de las pretensiones, el término especial para promover la reclamación judicial[131], y las reglas de procedimiento especiales previstas en dicha disposición.

En el segundo evento, el propósito del actor debe estar enfocado en el cuestionamiento del precio indemnizatorio reconocido a través del acto administrativo de expropiación. Entiéndase en este punto, que esta modalidad de este medio de control no cuestiona la legalidad del acto administrativo, y solo tiene por objeto discutir el monto de la indemnización reconocida, con el argumento de que se tiene derecho a una cuantía mayor. Por eso se establece que, si la sentencia decide, conforme a la demanda, sobre el precio indemnizatorio reconocido por la administración, dispondrá si hay lugar a una elevación del valor correspondiente o a una modificación de la forma de pago. En este caso, las determinaciones que se hagan en el auto de liquidación de la sentencia tendrán en cuenta el nuevo precio indemnizatorio y la diferente modalidad de pago.

En este último caso también se aplican las reglas de competencia, oportunidad para presentar la demanda (que será de cuatro meses) y de procedimiento especiales consignadas en el artículo 71 de la Ley 388 de 1997[132].

---

131 Que será de 4 meses siguientes a la ejecutoria de la decisión.

132 Nada se opone a la acumulación de pretensiones en calidad de principales y subsidiarias, de las dos modalidades de este medio de control, dado que en ambos casos se tramita a través del mismo procedimiento y con fundamento en los mismos presupuestos procesales.

2.11. MEDIO DE CONTROL DE NULIDAD ABSOLUTA O NULIDAD RELATIVA FUNDAMENTADO EN LA DECISIÓN ANDINA 486 DE 2000 DE LA COMUNIDAD ANDINA DE NACIONES CAN

A través de la Decisión Andina 486 de 2000, emitida por la Comisión de la Comunidad Andina de Naciones, se adoptó el Régimen Común sobre Propiedad Industrial. Este estatuto delineó diversos mecanismos judiciales que las autoridades nacionales debían implementar para salvaguardar el ordenamiento jurídico y los derechos de los titulares de registros de marcas, patentes y esquemas trazados, en conformidad con los artículos 75, 76, 77, 108, 109, 110 y 172 de la mencionada decisión.

En virtud de los artículos 75 y 76, se introdujeron dos figuras: la nulidad absoluta y la nulidad relativa de las patentes. En relación con la nulidad absoluta, se determinó que cualquier persona puede solicitarla en cualquier momento, mientras que para la nulidad relativa se estableció un plazo de 5 años a partir de la concesión de la patente.

En adición, el artículo 77 estableció que la autoridad nacional competente tiene la facultad de anular una patente cuando esta se haya concedido a alguien que no tenía el derecho de obtenerla. La "acción" de anulación solo podrá ser iniciada por la persona que ostente el derecho de obtener la patente. Esta figura prescribe en un plazo de cinco años contados desde la fecha de concesión de la patente o dos años desde que la persona con derecho tuvo conocimiento de la explotación de la invención en el país, aplicándose el plazo que expire primero.

Por otro lado, el artículo 108 introdujo la posibilidad de que cualquier individuo pueda, en cualquier momento, buscar la nulidad absoluta de un registro de un esquema trazado, mientras que el artículo 109 estableció el mecanismo de la nulidad relativa, el cual puede ser utilizado dentro de un plazo de cinco años a partir de la concesión del registro.

El artículo 110, por su parte, contempla que la autoridad nacional competente tiene la facultad de anular un registro de esquema de trazado si este se concedió a alguien que no tenía el derecho de obtenerlo. La "acción" de anulación solo podrá ser iniciada por la persona que tenga el derecho de obtener el registro. Esta figura prescribe en un plazo de cinco años contados desde la fecha de concesión del registro o dos años desde que la persona con derecho tuvo conocimiento de la comercialización del producto que incorpora el esquema de trazado en el País miembro, aplicándose el plazo que venza primero.

El artículo 172 establece que la autoridad nacional competente, ya sea de oficio o a solicitud de cualquier persona y en cualquier momento, decretará la nulidad absoluta de un registro de marca cuando este se haya concedido contraviniendo lo dispuesto en los artículos 134, primer párrafo, y 135. Asimismo, especifica que la autoridad nacional competente, de oficio o a solicitud de cualquier persona, decretará la nulidad relativa de un registro de marca cuando se haya otorgado en contravención de lo establecido en el artículo 136 o cuando dicho registro se haya realizado de mala fe. La "acción" de nulidad prescribirá en un plazo de cinco años contados desde la fecha de concesión del registro impugnado[133].

Se destaca que las "acciones" anteriores no afectarán aquellas que pudieran corresponder por daños y perjuicios de acuerdo con la legislación interna. Además, se establece que no se podrá declarar la nulidad del registro de una marca por causas que hayan dejado de ser aplicables al momento de resolver la nulidad. En el caso de que una causa de nulidad solo se aplique a algunos de los productos o servicios para los cuales la marca fue registrada, la nulidad se declarará

---

[133] Decisión 486 de 2000, Comunidad Andina de Naciones.

únicamente para esos productos o servicios, eliminándolos del registro de la marca.

Sobre estos aspectos, el Consejo de Estado ha tenido la oportunidad de pronunciarse en varias oportunidades. Así, por ejemplo, indicó que la figura contemplada en el artículo 172 de la Decisión Comunitaria 486 de 2000, era una "acción" especial de nulidad[134], posición ratificada en otra decisión en la que se señaló que, el medio de control de nulidad relativa era singular, debido a cuatro características: i) impugna decisiones de otorgamiento de registros marcarios; (ii) tiene un plazo de prescripción de cinco años para presentar la demanda; (iii) se basa en la violación del artículo 136 o en la mala fe en el registro; y (iv) puede ser iniciado por cualquier persona, sin restricciones de legitimación activa. Así mismo, se enfatizó en que este medio de control se centra en actos administrativos de la Superintendencia de Industria y Comercio que otorgan registros marcarios, consolidando derechos subjetivos del solicitante para identificar productos o servicios con un signo específico, y, aunque es pública, implica un interés particular del demandante, especialmente si fue solicitante del registro denegado[135]

En otra importante providencia, el Consejo de Estado señaló que ambas "acciones" pueden ser presentadas por cualquier persona y no afectan las "acciones" por daños y perjuicios en

---

134 Consejo de Estado. Sala de lo Contencioso Administrativo. Sección Primera. MP: Rafael E. Ostau de Lafont Pianeta. Sentencia del 24 de enero de 2008. Radicación número: 11001-03-24-000-2002-00442-01).

135 Consejo de Estado. Sala de lo Contencioso Administrativo. Sección Primera. M. P. Roberto Serrato Valdés. Auto del 28 de septiembre de 2017. Radicación número: 11001-03-24-000-2011-00258-00). Esta decisión es importante, además, porque se admite el desistimiento de la pretensión.

el derecho interno. Enfatizó en que la nulidad absoluta no prescribe, mientras que la nulidad relativa tiene un plazo de prescripción de cinco años desde la concesión del registro. Además, expresó que se mantuvo la opción de presentar una demanda de nulidad y restablecimiento del derecho para proteger el derecho subjetivo del administrado[136].

2.12. MEDIO DE CONTROL DE REVISIÓN DE ACUERDOS Y ACTOS DE LOS ALCALDES (OBSERVACIONES DEL GOBERNADOR)

El artículo 305, numeral 10, de la Constitución Política establece un medio de control judicial[137] sobre la actividad administrativa al conferir a los gobernadores la facultad de revisar los actos de los concejos municipales y alcaldes. En caso de detectar inconstitucionalidad o ilegalidad, los gobernadores pueden remitirlos al tribunal correspondiente para la evaluación sobre su validez[138].

De acuerdo con la Ley 136 de 1994, en su artículo 82, se dispone que los alcaldes deben enviar una copia del acuerdo al gobernador dentro de los cinco días siguientes a su sanción, para que este realice la revisión correspondiente. Es importante destacar que esta revisión no suspende los efectos de los

---

136 Consejo de Estado. Sala de lo Contencioso Administrativo. Sección Primera. M. P. Rafael E. Ostau de Lafont Pianeta. Sentencia del 15 de septiembre de 2011. Radicación número: 11001-03-24-000-2004-00155-01.

137 Consejo de Estado. Sala de lo Contencioso Administrativo. Sección Cuarta. M. P. Stella Jeannette Carvajal. Sentencia del 11 de febrero de 2021. Radicación: 1001-03-15-000-2020-05125-00

138 Según los numerales 2° y 3° del artículo 151 de la Ley 1437 de 2011, compete a los tribunales administrativos decidir este asunto en única instancia.

acuerdos. Además, el artículo 91, numeral 7, del mismo estatuto legal establece como función de los alcaldes enviar al gobernador los acuerdos del concejo, los decretos de carácter general, los actos que reconozcan y decreten honorarios a los concejales, así como otros de carácter particular que el gobernador solicite

Esta disposición evidencia la singularidad de este medio de control, ya que únicamente los gobernadores tienen la autoridad para utilizarlo. Aunque el propósito de la figura está alineado con el mantenimiento del orden jurídico y la legalidad en un sentido abstracto, es importante señalar que existen diferencias notables entre este medio de control y el de nulidad[139].

Es esencial destacar que la sentencia que resuelve el control de legalidad solicitado por el gobernador[140] adquiere fuerza de cosa juzgada respecto de la *causa petendi*[141]. En consecuencia, es viable utilizar otro medio de control judicial en un momento posterior, siempre y cuando esté fundamentado en una causa diferente a la previamente examinada[142].

Por último, en caso de que se agote el plazo para que el gobernador del departamento solicite la revisión judicial del acto

---

139 Destacando que la simple nulidad es un instrumento popular que, por regla general, se puede presentar en cualquier tiempo, en tanto que esta figura solo puede ser presentada por el gobernador, quien dispone de 20 días siguientes a la fecha en la que lo haya recibido para hacerlo, al tenor de lo dispuesto en el artículo 119 del Decreto 1333 de 1986.

140 Cuyo trámite es especial, según el artículo 121 del Decreto 1333 de 1986.

141 Obviamente, si no se declara su invalidez.

142 En este punto es importante anotar que la remisión del gobernador del acto para su revisión judicial debe estar acompañada de un escrito que en gran medida debe cumplir con los requisitos de la demanda, señalando los supuestos vicios que se le imputan al acto administrativo.

municipal[143], no hay impedimento para que recurra al medio de control de nulidad en las mismas condiciones que cualquier otra persona podría hacerlo[144].

2.13. OBJECIÓN DE PROYECTOS DE ACUERDO Y OBJECIÓN DE PROYECTOS DE ORDENANZA

Los artículos 305, numeral 9°, y 315, numeral 6°, de la Constitución Política establecen figuras de control específicas asignadas a los gobernadores y alcaldes, respectivamente. Estas figuras les permiten presentar objeciones de derecho ante las asambleas[145] y concejos[146] con respecto a proyectos de ordenanza departamental o acuerdo municipal, según corresponda. Posteriormente, pueden remitir el proyecto a revisión judicial del tribunal administrativo.

---

143 Que como se indica en el artículo 119 del Decreto 1333 de 1986, es de 20 días siguientes a la fecha en la que lo haya recibido.

144 Sin embargo, tal como lo indicó la Corte Constitucional en la sentencia C-869 de 1999 "no hacerlo, o hacerlo tardíamente, esto es cuando el acto seguramente ya ha producido efectos, a pesar de tener al menos dudas sobre su concordancia con el ordenamiento jurídico, implicaría transgredir el mandato superior contenido en el artículo 6 de la Constitución, que establece que los servidores públicos son responsables ante las autoridades por infringir la Constitución y las leyes y por omisión o extralimitación en el ejercicio de sus funciones. En esa perspectiva el plazo que establece la norma impugnada no hace más que delimitar en el tiempo el ejercicio de una facultad, garantizando con tal medida su oportunidad y eficacia". Corte Constitucional. Sala Plena. M. P. Fabio Morón Díaz. Sentencia del 3 de noviembre de 1999. C-869 de 1999.

145 Atribución del gobernador, reglamentada en el artículo 100 de la Ley 2200 de 2022.

146 Atribución del alcalde, consignada también en el numeral 5° del artículo 91 de la Ley 136 de 1994.

A modo de ejemplo, el artículo 100 de la Ley 2200 de 2022 establece que, si un gobernador presenta objeciones por ilegalidad o inconstitucionalidad frente a un proyecto de ordenanza, deberá devolverlo a la asamblea para correcciones. Si la Asamblea insiste, debe informar al gobernador, quien, en un plazo de cuarenta y ocho horas (48) después de recibir la comunicación, puede disponer el traslado del proyecto al Tribunal Administrativo con sede en la capital del departamento. Este tribunal decidirá definitivamente sobre la constitucionalidad o legalidad del proyecto de conformidad con las reglas del Código de Procedimiento Administrativo y de lo contencioso-administrativo[147].

En cuanto a las objeciones a los proyectos de acuerdo municipal, los artículos 78 y 80 de la Ley 136 de 1994 establecen el procedimiento correspondiente. Si el alcalde presenta objeciones por razones de derecho, el proyecto será devuelto al Concejo para las correcciones necesarias. En caso de que el Concejo no acepte las correcciones, el alcalde enviará, en un plazo de diez días, el proyecto junto con una exposición de motivos de las objeciones al Tribunal Administrativo con jurisdicción en el municipio.

Si el Tribunal considera que las objeciones son fundadas, el proyecto se archivará. Si determina que son infundadas, el alcalde deberá sancionar el proyecto en un plazo de tres días a partir de la recepción de la comunicación respectiva. Si el tribunal considera que el proyecto está parcialmente viciado, indicará al Concejo que lo reconsidere. Cumplido este trámite, el proyecto se remitirá de nuevo al Tribunal para fallo definitivo[148].

---

147 Ley 2200 de 2022, artículo 101.

148 Ley 136 de 1994, artículo 80.

Por su parte, el artículo 109 del Decreto 111 de 1996 dispone que, si el alcalde objeta por motivos de ilegalidad o inconstitucionalidad el proyecto de presupuesto aprobado por el concejo, debe enviarlo al Tribunal Administrativo en un plazo de cinco días a partir de su recepción, para su sanción. El Tribunal tiene la obligación de pronunciarse en un plazo máximo de veinte días hábiles, y mientras decide, regirá el proyecto de presupuesto presentado oportunamente por el alcalde, bajo su directa responsabilidad[149].

En cualquier escenario, el examen judicial estará sujeto a las razones que fundamentaron las objeciones. Estas objeciones deben especificar claramente las normas violadas y el concepto de violación, ya que este medio de control no opera de manera automática ni integral. Si, tras el análisis, el tribunal determina que no existe la contradicción normativa alegada, se declararán infundadas las objeciones. Sin embargo, si se constata la vulneración del orden superior, se declararán fundadas y se procederá a su archivo.

Es importante destacar la naturaleza preventiva de este medio de control, ya que se realiza frente a un proyecto de acto administrativo y no frente a un acto administrativo ya consolidado.

---

149 Decreto 111 de 1996, artículo 109.

2.14. MEDIO DE CONTROL DE PÉRDIDA DE INVESTIDURA

La pérdida de investidura se configura como un mecanismo judicial de naturaleza punitiva[150]. En esencia, representa el ejercicio de una potestad jurisdiccional disciplinaria[151] establecida por la Constitución Política para los congresistas[152], y por la ley[153], en el caso de diputados, concejales y miembros de Juntas Administradoras locales. Su propósito es sancionar conductas tipificadas como infracciones merecedoras de dicha medida punitiva. En este sentido, se diferencia de la nulidad electoral, ya que no busca corregir el ordenamiento jurídico en abstracto, sino imponer una sanción al miembro de la corporación pública de elección popular infractor.

---

150 Consejo de Estado. Sala Plena de lo Contencioso Administrativo. MP: María Adriana Marín. Sentencia del 11 de febrero de 2020. Radicación: 11001-03-15-000-2019-00911-01(PI).

151 ROJAS LÓPEZ, JUAN GABRIEL. Derecho administrativo sancionador. Entre el control social y la protección de los derechos fundamentales, p. 97.

152 Constitución Política, artículo 183, que señala como causales de pérdida de investidura de los congresistas, las siguientes:
1. Por violación del régimen de inhabilidades e incompatibilidades, o del régimen de conflicto de intereses.
2. Por la inasistencia, en un mismo período de sesiones, a seis reuniones plenarias en las que se voten proyectos de acto legislativo, de ley o mociones de censura.
3. Por no tomar posesión del cargo dentro de los ocho días siguientes a la fecha de instalación de las Cámaras, o a la fecha en que fueren llamados a posesionarse.
4. Por indebida destinación de dineros públicos.
5. Por tráfico de influencias debidamente comprobado.

153 Ley 617 de 2000, artículo 48, en concordancia con el artículo 60 de la Ley 2200 de 2022.

Es importante aclarar que, más que una demanda en sentido estricto con pretensiones procesales, lo que busca el actor (ya sea un ciudadano o la mesa directiva de la respectiva corporación pública) es promover una denuncia o solicitud[154] para que se determine procesalmente si el miembro de la corporación pública merece ser sancionado con esta drástica medida judicial.

Lo anterior hace necesaria una aclaración. Una cosa es la pérdida de investidura como medio de control judicial, con todas sus especificidades procesales, y otra, la pérdida de investidura como sanción jurisdiccional disciplinaria, que se puede imponer como conclusión de dicho medio de control y que constituye, precisamente, la finalidad de esta figura procesal.

Como sanción, la pérdida de investidura implica el retiro o pérdida del cargo, si aún se está desempeñando[155], y la inhabilitación permanente para el ejercicio de ciertos cargos públicos de elección popular[156]. Esto plantea el desafío de contravenir la Convención Americana sobre Derechos Humanos,

---

[154] En todo caso sometida a término de cinco años para su presentación, so pena de caducidad. Gran avance en comparación con las previsiones normativas previas a la Ley 1881 de 2018, que permitían afirmar que no estaba sometida a término alguno.

[155] Dado que es posible presentar la solicitud de pérdida de investidura, pese a que la persona ya no estuviese desempeñando el cargo de elección popular, con miras a la sanción de inhabilidad.

[156] Por ejemplo, el articulo 179 numeral 4º de la Constitución Política establece que no podrán ser congresistas quienes hayan perdido la investidura de congresista. A su turno, el artículo 43 de la Ley 617 de 2000 prevé que no podrá ser elegido concejal, quien haya perdido la investidura como congresista. De igual forma, el artículo 19 de la Ley 2200 de 2022, que señala que no podrá ser elegido diputado quien haya perdido la investidura de congresista, diputado o concejal. En todo caso, esta inhabilidad tiene que estar taxativamente señalada en la Constitución Política o en la ley.

al implicar una limitación seria de los derechos políticos fuera del ámbito de la sanción penal[157], al punto de que es habitual que se afirme que la consecuencia del decreto de la pérdida de investidura es la "muerte política"[158].

Como medio de control, la pérdida de investidura ha tenido varios antecedentes normativos. Uno de ellos fue el Acto Legislativo 01 de 1979, que buscaba introducir por primera vez en el ordenamiento jurídico colombiano la figura de la pérdida de investidura de los congresistas[159]. No obstante, es importante señalar que, mediante la sentencia de la Corte Suprema de Justicia del 3 de noviembre de 1981, se declaró inexequible en su totalidad dicha reforma constitucional[160]. Esta decisión se tomó como resultado de una demanda de inconstitucionalidad promovida, entre otros, por Manuel Gaona Cruz. En consecuencia, en la práctica, este antecedente normativo únicamente quedó como un referente histórico.

Posteriormente, la Constitución Política de 1991 se convirtió en el verdadero marco constitucional de la pérdida de investidura de los congresistas[161]. El primer procedimiento legal establecido para este fin fue la Ley 144 de 1994, la cual ha sido sustituida por la Ley 1881 de 2018.

El proceso sancionatorio de pérdida de investidura implica un juicio de responsabilidad subjetiva, descartando así

---

157 Convención Americana Sobre Derechos Humanos. Artículo 23.2.

158 Consejo de Estado. Sala de lo Contencioso Administrativo. Sala Especial de Decisión de Pérdida de Investidura. M. P. Gabriel Valbuena Hernández. Sentencia del 25 de septiembre de 2019. Radicación: 11001-03-15-000-2019-02135-00(PI).

159 Acto Legislativo 01 de 1979. Artículo 13.

160 Corte Suprema de Justicia. Sala Plena. MP: Fernando Uribe Restrepo. Sentencia del 3 de noviembre de 1981. Expediente: 785.

161 Constitución Política de Colombia, artículo 183.

cualquier posibilidad de imputación objetiva[162]. En este contexto, la imposición de la sanción debe fundamentarse en la acreditación tanto de la realización de la infracción calificada como causal de pérdida de investidura, como de haberla llevado a cabo de manera dolosa o gravemente culposa[163].

La competencia judicial para el trámite de este medio de control está asignada de manera exclusiva a jueces colegiados[164], lo cual resulta lógico dada la severidad de los efectos de la decisión sancionatoria. Afortunadamente, el artículo 1° de la Ley 1881 de 2018 estableció que cuando una misma conducta dé lugar tanto al medio de control de nulidad electoral como a una pérdida de investidura de forma simultánea, el primer fallo tendrá efecto de cosa juzgada sobre el otro proceso en todos los aspectos juzgados. No obstante, esto excluye

---

162 Pese a lo cual no fueron pocos los casos, en los cuales a miembros de corporaciones públicas de elección popular se les impuso la sanción de pérdida de investidura, previo a la expedición de la Ley 1881 de 2018, omitiendo un análisis de la culpabilidad. Como ejemplo de lo anterior, puede consultarse la sentencia SU-424 de 2016. Corte Constitucional. Sala Plena. M. P. Gloria Stella Ortiz. Sentencia del 11 de agosto de 2016. SU-424 de 2016. En igual sentido, sentencia SU-474 de 2020. Corte Constitucional. Sala Plena. Sentencia del 6 de noviembre de 2020. M. P. José Fernando Reyes Cuartas. Sentencia SU-474 de 2020.

163 En buena hora el artículo 1° de la Ley 1881 de 2018, modificada por la Ley 2003 de 2019, dejó expresamente esta exigencia, que si bien es cierto se desprendía de una interpretación razonable del artículo 29 de la Constitución Política, durante largo tiempo, fue obviada en la decisión de las demandas de pérdida de investidura.

164 Los tribunales administrativos son competentes para conocer en primera instancia de la pérdida de investidura de miembros de corporaciones públicas de elección popular de carácter territorial, por su parte, las salas especiales de decisión de pérdida de investidura del Consejo de Estado conocen en primera instancia del trámite de este medio de control, frente los congresistas.

la culpabilidad del Congresista, cuyo juicio será exclusivo del proceso de pérdida de investidura. Además, la declaratoria de pérdida de investidura hará tránsito a cosa juzgada respecto del proceso de nulidad electoral en cuanto a la configuración objetiva de la causal. Este enfoque busca evitar decisiones contradictorias, como las que se han presentado en el pasado, donde incluso el elemental principio de no contradicción quedó en entredicho[165].

Por último, la Ley 1881 de 2018 estableció que la demanda de pérdida de investidura debe ser presentada dentro de los 5 años contados a partir del día siguiente al de la ocurrencia del hecho generador de la causal de pérdida de investidura, so pena de que opere la caducidad, lo cual representó un cambio radical en comparación con la normativa anterior en virtud de la cual se posibilitaba la presentación de la demanda en cualquier tiempo.

---

165 Como ocurrió con el caso de la exsenadora Martha Lucía Ramírez, a quien, en el año 2009, la Sección Quinta del Consejo de Estado le declaró la nulidad de la elección, tras concluir que había incurrido en causal de pérdida de investidura por violación del régimen de inhabilidades. Paradójicamente, el propio Consejo de Estado decidió en sentencia de enero de 2010, en el marco del medio de control de pérdida de investidura fundamentado en la misma causal constitucional, que la citada exsenadora, no había incurrido en violación del régimen de inhabilidades. Consejo de Estado. Sala de lo Contencioso Administrativo. Sección Quinta. M. P. Susana Buitrago Valencia. Sentencia del 6 de julio de 2009. Radicación: 11001-03-28-000-2006-00115-00. Consejo de Estado. Sala Plena de lo Contencioso Administrativo. M. P. Rodrigo Arenas Monsalve. Sentencia del 19 de enero de 2010. radicación: 11001031500020090070800(PI).

2.15. MEDIO DE CONTROL DE PÉRDIDA DEL CARGO

El Acto Legislativo número 3 de 2009 reformó el artículo 109 de la Constitución Política, incluyendo entre sus disposiciones que, para las elecciones celebradas a partir de la vigencia de dicho acto legislativo, la violación comprobada de los topes máximos de financiación de las campañas será sancionada con la pérdida de investidura o del cargo. Además, se delegó en la ley la reglamentación de los demás efectos derivados de la infracción de este precepto[166].

Así, a través de la Ley Estatutaria 1475 de 2011, se reguló de manera incipiente la figura, estableciendo en su artículo 26 que la violación de los límites al monto de gastos de las campañas electorales será sancionada con la pérdida del cargo. No obstante, se introdujo de manera inadecuada un tratamiento diferencial dependiendo de la naturaleza del cargo de elección popular ostentado por el sujeto objeto de juicio de reproche.

Se determinó que el procedimiento a seguir para los candidatos elegidos a corporaciones públicas de elección popular será el de pérdida de investidura, mientras que para los alcaldes y gobernadores corresponderá al de nulidad electoral[167]. Además, se estableció que la solicitud de pérdida del cargo recae en el Consejo Nacional Electoral, y que esta debe

---

[166] Igualmente, el artículo 110 constitucional señala que se prohíbe a quienes desempeñan funciones públicas hacer contribución alguna a los partidos, movimientos o candidatos, o inducir a otros a que lo hagan, salvo las excepciones que establezca la ley. El incumplimiento de cualquiera de estas prohibiciones será causal de remoción del cargo o de pérdida de la investidura. Evidentemente, no se está aludiendo a una causal de pérdida de investidura en términos punitivos, sino, a la pérdida o remoción del cargo, es decir, a la cesación del empleo público.

[167] Ley 1475 de 2011, artículo 26.

presentarse dentro de la oportunidad procesal correspondiente, so pena de caducidad.

Los problemas asociados al inadecuado desarrollo legal de la figura comienzan con el establecimiento de un procedimiento judicial diferenciado. Esto, a su vez, conlleva la ambigüedad en cuanto al plazo legal para presentar la solicitud, respecto de quién está habilitado para hacerlo y, lo que es peor, la incertidumbre acerca de los efectos que la comisión de la infracción puede llegar a acarrear.

En cuanto al primer punto, no parece tener mucho sentido que se haya previsto un procedimiento legal diferenciado, utilizando en algunos casos el trámite de la pérdida de investidura y en otros el de la nulidad electoral. Sin embargo, esto podría explicarse por el hecho de que en el Acto Legislativo 03 de 2009 se haya empleado la conjunción "o" al referirse a la sanción a imponer. Al respecto, establece la disposición en comento:

> *Para las elecciones que se celebren a partir de la vigencia del presente acto legislativo, la violación de los topes máximos de financiación de las campañas, debidamente comprobada, será sancionada con la pérdida de investidura o del cargo. La ley reglamentará los demás efectos por la violación de este precepto.*

De esta disposición se pueden derivar dos interpretaciones posibles que dependerán del papel que se asigne a la conjunción "o" utilizada en la citada reforma constitucional. Según el Diccionario Panhispánico de Dudas, esta conjunción puede ser una conjunción coordinante con valor disyuntivo (que no siempre es excluyente) cuando expresa alternativa entre distintas opciones, o de equivalencia denominativa[168].

---

168 O1 [Anónimo]. Diccionario panhispánico de dudas [página web]. Disponible en Internet: <https://www.rae.es/dpd/o>.

Así, en el contexto de la conjunción coordinante, la expresión "pérdida de investidura o del cargo", da cuenta de una disyunción, es decir, de dos alternativas posibles: la sanción de pérdida de investidura, por una parte, o la sanción de pérdida del cargo, por la otra.

Por el contrario, como equivalencia denominativa, la expresión "pérdida de investidura o del cargo" conduce a entender que se trata de la misma figura, encaminada a generar el mismo efecto, es decir, la misma sanción en respuesta a la misma infracción. Aquí, la pérdida de investidura o la pérdida del cargo tienen la misma equivalencia denominativa.

La identificación de la naturaleza de la conjunción es crucial, ya que de su interpretación dependerá en gran medida la amplitud que se otorgue a la figura procesal del medio de control de pérdida del cargo. En primer lugar, es importante determinar que este medio de control, al igual que el de pérdida de investidura, tiene un carácter punitivo. No obstante, surge la interrogante sobre si, conforme a la interpretación del Consejo de Estado[169], es aceptable considerar que la reforma al artículo 109 constitucional establece una nueva causal de pérdida de investidura con una faceta adicional para aquellos que no son miembros de corporaciones públicas de elección popular, dando lugar a la idea de una "hidra procesal". En este escenario, la conjunción jugaría el papel de una disyunción. Por otro lado, también es plausible evaluar si se trata de una misma figura sancionatoria con idénticos efectos procesales, a pesar del tratamiento diferenciado en el procedimiento aplicable. En este caso, la conjunción desempeñaría el papel de una equivalencia denominativa.

---

169 Consejo de Estado. Sala de lo Contencioso Administrativo. Sala Veintitrés Especial de Decisión. M. P. Carlos Alberto Moreno. Sentencia del 3 de septiembre de 2018. Radicación: 11001-03-15-000-2018-01294-00.

Considerar la idea de la conjunción disyuntiva plantea numerosos problemas prácticos. Por ejemplo, implica aceptar que, por un lado, la sanción acarreará la "muerte política" o la inhabilidad permanente para los miembros de corporaciones públicas de elección popular[170]. Sin embargo, no generará el mismo efecto frente a los demás servidores públicos elegidos popularmente, a quienes solo se les impondrá la sanción de pérdida del cargo, sin que conlleve la drástica inhabilidad determinada para la pérdida de investidura.

Esta consideración también es determinante para definir quién estará habilitado para utilizar el medio de control. A pesar de la consagración legal en el artículo 26 de la Ley 1475 de 2011, que establece que esta responsabilidad recae en el Consejo Nacional Electoral, la interpretación disyuntiva facultaría a cualquier ciudadano para promoverlo. Este escenario se fundamentaría en la premisa de que se trata de una nueva causal de pérdida de investidura, siempre que esté involucrado un miembro de una corporación pública de elección popular, situación que no aplicaría en el caso de un alcalde o gobernador.

De igual forma, el diferente tratamiento legal en torno a los procedimientos aplicables presenta el defecto de generar aspectos problemáticos. Por ejemplo, la Ley 1475 de 2011 no estableció un término preciso para la utilización del medio de control, a pesar de indicar que, en el caso de la pérdida del cargo de los gobernadores o alcaldes, el término de caducidad se contará a partir de la ejecutoria del acto administrativo mediante el cual el Consejo Nacional Electoral determine la violación de los límites al monto de gastos. La interrogante que surge en este punto es: ¿cuál es el término de caducidad aplicable? Esto se plantea dado que, en el marco del procedimiento

---

170 Para el ejercicio de ciertos cargos públicos de elección popular.

para tramitar la nulidad electoral, no se especifica en ninguna parte el término para la presentación de la demanda, ya que esto corresponde a un presupuesto procesal establecido en el artículo 164 del CPACA, mientras que el procedimiento para la nulidad electoral se establece a partir del artículo 275 del mismo estatuto legal.

En cualquier caso, si se acepta que el término de caducidad aplicable es el establecido para la nulidad electoral, que corresponde a un plazo de 30 días, surge la pregunta de qué justificaría afirmar, basándose en la Ley 1881 de 2018, que dicho término será de 5 años cuando se trata de la misma solicitud respecto a miembros de corporaciones públicas de elección popular. Todo esto, a pesar de que se está formulando un juicio de reproche fundamentado en una misma infracción. ¿Acaso la infracción cometida por un diputado es más grave que aquella realizada por el gobernador?

Por el contrario, la posición basada en la idea de que conjunción utilizada en el artículo 109 superior desempeña el papel de una equivalencia denominativa, que aquí se defiende, parte de reconocer que pese al desacierto legal de establecer diferentes procedimientos judiciales para su tramitación, la pérdida del cargo es una institución autónoma y diferente de la pérdida de investidura como medio de control y como sanción jurisdiccional disciplinaria, que conduce cuando se acreditan los supuestos legales de la infracción necesarios para imponer la sanción, a la pérdida del cargo, es decir, a la cesación del desempeño de las funciones propias de la investidura para la cual se fue elegido, sin que se prevea otro efecto, pues así no fue consignado por el constituyente o el legislador, pudiendo hacerlo. No puede ser otra la interpretación razonable de dichas disposiciones, teniendo en cuenta que la intervención punitiva actuó bajo el supuesto de la comisión de la misma infracción, con independencia de la investidura que se tenga, razón por la cual no sería compatible con los principios y valores constitucionales que deben orientar la actividad punitiva del Estado, en especial, el de igualdad y proporcionalidad, que se acepte que en unos casos, la sanción tendrá la severidad propia de la pérdida de investidura, mientras que en los otros, tan solo conducirá a la pérdida del cargo, o lo que es lo mismo, del empleo o investidura oficial.

De hecho, durante el examen de constitucionalidad realizado por la Corte Constitucional al proyecto de ley estatutaria que condujo a la expedición de la Ley 1475 de 2011, la Corte concluyó, en términos generales, que el artículo 26 de dicho proyecto regulaba la sanción de pérdida del cargo por violación de los límites de gastos de campaña. Que dicho artículo establecía los procedimientos específicos tanto para candidatos a corporaciones públicas como para alcaldes y gobernadores, ajustándose al inciso séptimo del artículo 109 de la Constitución, que prevé sanciones por violación de los topes de financiación de campañas. Afirmó que dichas sanciones debían respetar principios constitucionales, como el debido proceso, concluyendo que la disposición estaba en línea con la jurisprudencia que respaldaba la imposición de sanciones para asegurar la transparencia y moralidad en la financiación de campañas, y, por ende, la Corte la declaró exequible[171], pero en ninguna parte la Corte Constitucional realizó las distinciones que viene señalando el Consejo de Estado respecto de los diferente efectos que acarrea el uso de esta figura, que según ha manifestado, en unos casos conduce a la pérdida de investidura, mientras que en otros, a la simple pérdida del cargo[172].

En síntesis, la obligación de seguir el procedimiento de pérdida de investidura en este caso no necesariamente implica la

---

171 Corte Constitucional. Sala Plena. M. P. Luís Ernesto Vargas Silva. Sentencia del 23 de junio de 2011. Sentencia C-490 de 2011.

172 Consejo de Estado. Sala Plena de la Contencioso Administrativo. M. P. Carmen Teresa Ortiz. Sentencia del 23 de febrero de 2016. Radicado: 11001-03-15-000-2015-00102-00.

imposición de la pérdida de investidura como sanción disciplinaria. De manera similar, el seguimiento del procedimiento de nulidad electoral no debe conllevar a la nulidad de la elección. En ambos escenarios, el desenlace deseado debería ser coherente: la pérdida del cargo como sanción autónoma resultante del medio de control de pérdida del cargo.

2.16. MEDIO DE CONTROL DE REPARACIÓN DIRECTA

El artículo 140 del CPACA establece el medio de control de reparación directa, un mecanismo diseñado como un instrumento judicial destinado principalmente a la reparación de los daños y perjuicios ocasionados por las acciones u omisiones de los agentes del Estado[173]. Además, este mecanismo puede ser utilizado por entidades estatales afectadas por la actuación de un particular[174] o de otra entidad pública, y en casos en los cuales tanto particulares como entidades públicas estén involucrados en la generación del daño, evento en el cual la sentencia determinará la proporción por la cual cada uno debe asumir responsabilidad, teniendo en cuenta la influencia causal del hecho o la omisión en la ocurrencia del daño.

El rango de circunstancias que permitirían imputar responsabilidad estatal a través de este medio de control es amplio, incluyendo daños derivados de hechos, omisiones, operaciones

---

173 De hecho, la responsabilidad estatal se puede ver comprometida en el caso de los daños y perjuicios derivados de la actuación de un particular que haya obrado siguiendo una expresa instrucción de una entidad estatal. Corte Constitucional. Sala Plena. M. P. Jorge Iván Palacio. Sentencia del 31 de agosto de 2011. Sentencia C-644 de 2011.

174 Consejo de Estado. Sala de lo Contencioso Administrativo. Sección Tercera. M. P. Jaime Orlando Santofimio Gamboa. Auto del 23 de julio de 2018. Radicación: 85001-23-33-000-2017-00255-01(61277).

administrativas, ocupación temporal o permanente de inmuebles, hasta los daños vinculados con las acciones u omisiones de los agentes estatales en el ámbito de las actividades propias de la Administración de Justicia[175] o, incluso, del Estado legislador[176], sin que allí se agoten las posibilidades de este medio de control.

Lo antedicho evidencia que esta figura tiene una naturaleza subjetiva, asociada a la finalidad de reparación que pretende quien esté interesado en reclamar por los daños y perjuicios padecidos, por lo que no cualquiera está habilitado para su ejercicio, se requiere en consecuencia, de un interés para obrar asociado a la reivindicación de un derecho subjetivo afectado por el daño antijurídico[177] en adición a lo cual, se deberá obrar por intermedio de abogado.

El mecanismo de control de reparación directa se concreta mediante la acumulación ordinaria de pretensiones. En un primer momento, surgen las pretensiones que imputan responsabilidad y, en un segundo lugar, aquellas que buscan la reparación, asociadas a la petición de condena por los daños y perjuicios causados[178]. Esta designación se explica en gran medida debido a que la pretensión de reparación no está ligada a una previa pretensión de declaración de nulidad de un acto administrativo o de un contrato. Se encuentra exclusivamente

---

175 Como corresponde a la responsabilidad estatal por la privación injusta de la libertad, el defectuoso funcionamiento de la Administración de Justicia o el error jurisdiccional.

176 Corte Constitucional. Sala Plena. M. P. Humberto Antonio Sierra Porto. Sentencia del 1º de febrero de 2006. Sentencia C-038 de 2006.

177 En los términos del artículo 90 de la Constitución Política.

178 Con todo, es necesario resaltar que el concepto de reparación puede no tener un carácter pecuniario. Nada se opone a una reparación no pecuniaria.

precedida, insistimos en ello, por la imputación de responsabilidad, que actúa como punto de partida para la reparación directa del daño atribuido al demandado

No obstante, es pertinente aclarar que el concepto de reparación, en el ámbito del derecho contencioso administrativo, no se limita exclusivamente al medio de control de reparación directa. Por el contrario, es una noción conceptual prácticamente transversal en el contexto de los medios de control[179], especialmente aquellos de naturaleza subjetiva. Esto se evidencia en la posibilidad contemplada por el artículo 138 del CPACA, que aborda la pretensión de reparación de los daños y perjuicios derivados de un acto administrativo viciado de nulidad. Asimismo, se refleja en el artículo 141 en el contexto de controversias contractuales, e incluso en el artículo 145 del mismo estatuto, que se ocupa de la reparación de los perjuicios causados a un grupo. En consecuencia, cabe destacar que cada vez que se menciona la pretensión relacionada con la reparación, no necesariamente se está haciendo referencia exclusiva al medio de control de reparación directa[180].

Además, es viable que este medio de control tenga como origen el acto administrativo lícito en el contexto de un régimen de responsabilidad objetiva. De manera excepcional, también puede derivarse de un acto ilícito, como sucede cuando el acto que reconoce un derecho o consolida una situación favorable para un sujeto es declarado nulo, usualmente a petición de un

---

179 HENAO, JUAN CARLOS. Las formas de reparación en la responsabilidad del Estado: hacia su unificación sustancial en todas las acciones contra el Estado. En: La responsabilidad extracontractual del Estado. Universidad Externado de Colombia, 2015, p. 34.

180 ROJAS LOPEZ, JUAN GABRIEL. Responsabilidad extracontractual del Estado por los actos administrativos. En: En: La responsabilidad extracontractual del Estado, p. 415.

tercero, o cuando el acto administrativo se revoca fundamentándose en su ilicitud[181].

Por otro lado, es importante destacar que en los casos en los que se demanda en reparación directa a un particular, las normas sustanciales de la responsabilidad no serán las mismas que se aplican a los agentes estatales. Esto implica, por ejemplo, que no se puede hacer referencia al régimen de responsabilidad subjetiva por falla en el servicio o al artículo 90 de la Constitución como fundamento de la reparación. En cambio, se deben aplicar las normas propias que rigen a los particulares en el desarrollo de sus actividades cotidianas, a pesar de que, desde el punto de vista procesal, el medio de control sea de reparación directa y se utilice el procedimiento correspondiente en el ámbito del contencioso administrativo general.

La Ley 2195 de 2022 contempló en su artículo 59 una *sui generis* modalidad de reparación directa por acto de corrupción. Al respecto estableció que los particulares y servidores públicos serán responsables por los actos de corrupción que causen perjuicio al patrimonio público, y que la entidad perjudicada o la Agencia Nacional de Defensa Jurídica del Estado podrán interponer el medio de control de reparación directa sin agotar la conciliación prejudicial, solicitando medidas cautelares. La reparación podrá ser pecuniaria o no pecuniaria, evaluándose el impacto social del acto corrupto, permitiéndose compensar perjuicios materiales e inmateriales, siempre que estén comprobados[182].

Asimismo, estableció que los pagos efectuados por el demandado en otros procesos judiciales o fiscales relacionados con la responsabilidad por hechos de corrupción, objeto del medio de control de reparación directa, serán descontados del

---

181 *Ibidem.*, p. 423.

182 Ley 2195 de 2022, artículo 59.

monto de la condena en dicho proceso, al igual que ocurrirá, en los otros procesos de responsabilidad en los cuales el demandado deba compensar el daño al patrimonio público, en los cuales se descontará la suma previamente reconocida y pagada como consecuencia de la sentencia de reparación directa[183].

Por último, en cuanto al término legal para la presentación oportuna de la demanda de reparación directa, el artículo 164 numeral 2° literal (i) dispone que la demanda deberá presentarse dentro del término de dos (2) años, contados a partir del día siguiente al de la ocurrencia de la acción u omisión causante del daño, o de cuando el demandante tuvo o debió tener conocimiento del mismo si fue en fecha posterior y siempre que pruebe la imposibilidad de haberlo conocido en la fecha de su ocurrencia.

De igual forma, y en armonía con lo señalado en el artículo 7° de la Ley 589 de 2000, se dispuso que el término para formular la pretensión de reparación directa derivada del delito de desaparición forzada, se contará a partir de la fecha en que aparezca la víctima o en su defecto desde la ejecutoria del fallo definitivo adoptado en el proceso penal, sin perjuicio de que la demanda con tal pretensión pueda intentarse desde el momento en que ocurrieron los hechos que dieron lugar a la desaparición.

Se anota que la Sala Plena de la Sección Tercera unificó el criterio sobre el cómputo de la caducidad de las pretensiones indemnizatorias formuladas por delitos de lesa humanidad y crímenes de guerra. La Sala definió que en tales eventos resulta aplicable el término para demandar establecido por el legislador, el cual, salvo para la desaparición forzada, se computa desde cuando los afectados conocieron o debieron conocer la

---

183 Ley 2195 de 2022, artículo 59.

participación del Estado -por acción o por omisión y advirtieron la posibilidad de imputarle responsabilidad patrimonial. Este término, en todo caso, no se aplica cuando se observan situaciones que hubiesen impedido materialmente el ejercicio del derecho de acción. No obstante, una vez superadas, empezará a correr el plazo de ley.

Lo anterior implica que las situaciones que se pretenden salvaguardar con la imprescriptibilidad penal en los casos de lesa humanidad y crímenes de guerra también se encuentran previstas en el campo de la responsabilidad patrimonial del Estado, bajo la premisa del conocimiento de la participación por acción u omisión del Estado. El Consejo de Estado precisó que el término de caducidad es inaplicable en aquellos eventos en los que se advierten circunstancias que hubiesen impedido, desde el punto de vista material, el ejercicio del derecho de acción, sin que para esos efectos resulte determinante la situación causante del daño, sino la condición particular de quien acude a la administración de justicia[184].

2.17. MEDIO DE CONTROL DE REPETICIÓN

Los antecedentes normativos de esta figura se remontan al siglo pasado[185], pero es con la entrada en vigor de la Constitución de 1991 cuando adquiere una mayor relevancia. El artículo 90 de la Constitución establece el deber del Estado de

---

184 Consejo de Estado. Sala de la Contencioso Administrativo. Sala Plena de la Sección Tercera. M. P. Milton Chaves García. Sentencia de Unificación del 29 de enero de 2020. Radicación: 85001-33-33-002-2014-00144-01 (61033).

185 El primer referente normativo de la figura aparece en el artículo 260 de la Ley 79 de 1931, con posterioridad, en vigencia del Decreto 01 de 1984, se hizo una tímida alusión a la figura en sus artículos 77 y 78.

repetir contra sus agentes cuando resulte afectado por una condena, acuerdo conciliatorio o título similar, como consecuencia de la conducta dolosa o gravemente culposa de dichos agentes.

No es casualidad que los esfuerzos más significativos para desarrollar esta figura se hayan presentado después de la vigencia del texto constitucional. Un ejemplo de esto es la Ley 446 de 1998, que añadió un inciso al artículo 86 del Decreto 01 de 1984, indicando que el mecanismo procesal para tramitar la repetición sería la reparación directa[186].

Posteriormente, se promulgó la Ley 678 de 2001, que fundamentó normativamente la repetición como un medio de control judicial autónomo, separándolo de la reparación directa y otorgándole su propia configuración procesal. A partir de entonces, se han promulgado diversas normativas que han impactado en este medio de control. Un ejemplo claro es la Ley 1437 de 2011 y, más recientemente, la Ley 2195 de 2022 que introdujo importantes reformas.

La repetición, concebida como pretensión, manifiesta su esencia de manera dual. Por un lado, constituye el núcleo del medio de control de repetición, mientras que, por otro, sienta las bases para la figura del llamamiento en garantía con fines de repetición. En ambos casos, su naturaleza es resarcitoria, ya que su objetivo es que el Estado recupere la pérdida patrimonial padecida como resultado de las acciones de los agentes estatales que han ocasionado el pago a un tercero perjudicado, como sucede en el medio de control de repetición, o que podrían desencadenarlo, como ocurre con el llamamiento en garantía con fines de repetición.

Es fundamental destacar que la discusión sobre la responsabilidad derivada del medio de control de repetición

---

[186] Ley 446 de 1998, artículo 31.

se desarrolla dentro de un régimen de responsabilidad subjetiva. Este régimen se fundamenta en la evaluación crítica de la conducta del agente estatal, comprometiéndolo únicamente si se demuestra que su actuación fue dolosa o gravemente culposa. A menos que opere el régimen subjetivo de presunción de dolo o culpa grave, establecido expresamente por la ley[187]. En este último caso, se produce una inversión en la carga probatoria, imponiendo al demandado la obligación de refutar dicha presunción legal.

Esta figura no busca imponer una sanción, ya que, como se ha mencionado previamente, tiene una naturaleza resarcitoria. No obstante, es importante señalar que en la reforma al artículo 122 de la Constitución Política, realizada a través del Acto Legislativo 01 de 2004, se intentó conferirle un matiz sancionatorio al establecer una inhabilidad para ocupar cargos públicos o contratar con el Estado. Esta inhabilidad se aplicaría a cualquier individuo que, en calidad de servidor público, hubiera ocasionado, mediante su conducta dolosa o gravemente culposa, una condena por reparación patrimonial. Sin embargo, la Sentencia C-551 de 2003 de la Corte Constitucional determinó que la interpretación armoniosa de dicha disposición con la Convención Americana sobre Derechos Humanos implicaría entender que dicha condena debía derivarse únicamente de un proceso penal y no contencioso administrativo[188]. Por lo tanto, el antecedente de la condena en el ámbito de la repetición no tiene el alcance de generar la inhabilidad electoral[189].

---

187 Ley 678 de 2001, artículos 5 y 6, modificados por los artículos 39 y 40 de la Ley 2195 de 2022, respectivamente.

188 Corte Constitucional. Sala Plena. M. P. Eduardo Montealegre Lynett. Sentencia del 9 de julio de 2003. Sentencia C-551 de 2003.

189 Consejo de Estado. Sala de Consulta y Servicio Civil. M. P. William Zambrano Cetina. Concepto del 18 de octubre de 2012. Radicación: 11001-03-06-000-2012-00094-00(2128).

El medio de control de repetición puede ser instaurado por la entidad directamente perjudicada por el pago, como sería deseable, o en su defecto, por el Ministerio Público o la Agencia Nacional de Defensa Jurídica del Estado[190]. Es importante destacar que esta figura procesal no posee un carácter de instrumento popular; sin embargo, cualquier persona tiene la facultad de solicitar a los legitimados que intervengan mediante este medio de control.

En la posición de demandados pueden encontrarse tanto los servidores o ex servidores del Estado como particulares investidos de función pública. Además, en determinadas circunstancias, otros particulares, como contratistas, interventores, consultores y asesores, pueden ser demandados. Estos últimos se consideran particulares que desempeñan funciones públicas, especialmente en lo relacionado con la celebración, ejecución y liquidación de los contratos que suscriben con las entidades estatales[191].

En el escenario del proceso judicial para tramitar este medio de control se pueden solicitar medidas cautelares de embargo y secuestro, así como el embargo de salarios[192], sin perjuicio de la inscripción de la demanda respecto de los bienes sujetos a registro[193].

En lo referente a la conciliación judicial y acuerdos de pago, la Ley 2195 de 2022 ha establecido condiciones específicas para estos fines, delineando parámetros restrictivos para la

---

190 En los términos previstos por el artículo 8º de la Ley 678 de 2001, modificado por el artículo 42 de la Ley 2195 de 2022.

191 Ley 678 de 2001, artículo 2º.

192 Ley 678 de 2001, artículo 23, modificado por el artículo 45 de la Ley 2195 de 2022.

193 Ley 678 de 2001, artículo 26.

formalización de tales acuerdos, tal como se desprende de los artículos 48 y 49 de dicho estatuto legal.

Por último, es relevante mencionar que el artículo transitorio 26 del Acto Legislativo 01 de 2017[194], señaló una excepción a la procedencia del medio de control de repetición y al llamamiento en garantía con fines de repetición. Al respecto se dispuso la norma:

> *Artículo transitorio 26.* **Exclusión de la acción de repetición y llamamiento en garantía para miembros de la Fuerza Pública.** *En el caso de miembros de la Fuerza Pública que hayan cometido conductas punibles por causa, con ocasión o en relación directa o indirecta con el conflicto armado interno, no procederá la acción de repetición y el llamamiento en garantía establecidos en el artículo 90 de la Constitución Política. En todo caso, deberán contribuir al esclarecimiento de la verdad, a la reparación no monetaria de las víctimas y garantizar la no repetición.*

Es de anotar que dicho artículo fue declarado exequible por la Corte Constitucional, mediante la Sentencia C-674 de 2017, donde se expresó:

> Pese a las restricciones anteriores, la Sala concluyó que el Acto Legislativo 01 de 2017 no sustituye los principios estructurales del ordenamiento superior, teniendo en cuenta las siguientes consideraciones: (i) primero, porque las restricciones al derecho de las víctimas a la justicia tienen como contrapartida una ganancia en términos de reconocimiento de la verdad y de reparación, a través del sistema de condicionalidades; (ii) segundo, porque respecto de las más graves formas de criminalidad el Acto Legislativo 01 de 2017 preserva el deber del Estado de imponer una sanción efectiva; (iii) tercero, porque aunque el deber general de reparación material se radica en el Estado y no en los victimarios, y además, se supedita la cuantía de la indemnización a la disponibilidad de recursos, este modelo

---

194 Por medio del cual se creó un título de disposiciones transitorias de la Constitución para la terminación del conflicto armado.

general es consistente con la naturaleza de los programas de reparación en escenarios de violación masiva y sistemática de derechos, en los cuales el paradigma tradicional no solo puede tornarse materialmente inviable, sino que además produce inequidades y distorsiones en la distribución de recursos entre las víctimas, y entre estas y los demás sectores sociales.

De lo anterior se deriva, que, en este especial caso, y así se haya efectuado el pago que lesiona los intereses patrimoniales del Estado, no será posible presentar demanda de repetición ni hacer llamamiento en garantía con fines de repetición, por expresa consagración constitucional en el marco del Acuerdo de Paz[195].

En cuanto al término para la presentación oportuna de la demanda, que según se preveía en el artículo 164 del CPACA era de dos años, fue ampliado a cinco años por el artículo 42 de la Ley 2195 de 2022, que a su vez contempló un régimen de transición. Al respecto señaló el referido artículo:

> *La acción de repetición caducará al vencimiento del plazo de cinco (5) años contados a partir del día siguiente de la fecha del pago, o, a más tardar desde el vencimiento del plazo con que cuenta la administración para el pago de condenas de conformidad con lo previsto en el artículo 192 del Código de Procedimiento Administrativo y de lo Contencioso Administrativo.*
>
> *El término de caducidad dispuesto en el presente artículo aplicará a las condenas, conciliación o cualquier otra forma de solución de un conflicto permitida por la ley que quede ejecutoriada con posterioridad a la entrada en vigencia de la presente ley.*

Dicha disposición implica que, si la condena o auto aprobatorio del acuerdo conciliatorio quedó ejecutoriado hasta antes

---

195 Corte Constitucional. Sala Plena. M. P. Luís Guillermo Guerrero. Sentencia del 14 de noviembre de 2017. Sentencia C-674 de 2017.

de la vigencia de la Ley 2195 de 2022, hecho ocurrido el 18 de enero de 2022, el término para la presentación oportuna de la demanda correspondería al señalado en la normativa anterior, es decir, dos años. Pero si, por el contrario, la ejecutoria de la decisión ocurrió con posterioridad a la entrada en vigor de la ley, será de cinco años.

En cualquier caso, existe la posibilidad de que opere la caducidad, sin que la entidad hubiese realizado el pago, y esto podría ocurrir ante al vencimiento del término legal de dos o cinco años según el caso, contado a partir del vencimiento del término legal para el pago de las condenas de conformidad con el artículo 192 del CPACA, sin que el pago se hubiere efectuado.

2.18. MEDIO DE CONTROL DE CONTROVERSIAS CONTRACTUALES

Posiblemente, el medio de control más versátil de todos sea el contemplado en el artículo 141 del CPACA, relacionado con las controversias contractuales. Su versatilidad radica en que no está vinculado a ninguna pretensión específica, sino a la naturaleza de los conflictos que pueden surgir, los cuales están necesariamente asociados a un contrato estatal. En este contexto, las pretensiones que pueden canalizarse a través de esta figura procesal son prácticamente ilimitadas, siempre y cuando guarden relación, como se enfatiza, con los problemas vinculados al contrato estatal, ya sea en su perfeccionamiento, ejecución, liquidación, entre otros aspectos.

Así, los requisitos procesales, incluyendo legitimación, presupuestos y, en general, las pretensiones procesales, variarán según la naturaleza específica del conflicto. Por lo tanto, la denominación en plural de este medio de control resulta muy apropiada. La realidad es que en la práctica pueden surgir numerosos tipos de controversias contractuales, cada una con sus propias características distintivas.

Existen controversias contractuales que cuestionan la validez del contrato o de los actos administrativos relacionados. Asimismo, hay disputas centradas en imputar el incumplimiento contractual, solicitar el restablecimiento del equilibrio económico del contrato o buscar la reparación de los daños y perjuicios. Incluso, en algunas situaciones, se pone en duda la existencia misma del contrato. Por lo tanto, el catálogo de posibilidades previsto en el artículo 141 mencionado es meramente enunciativo[196], lo que lleva a la conclusión de que las pretensiones procesales en el ámbito de las controversias contractuales pueden ser esencialmente diversas.

En cuanto a la legitimación, es relevante resaltar la peculiaridad de la controversia contractual con pretensión de nulidad del contrato debido a la existencia de un vicio constitutivo de nulidad absoluta. Conforme a la normativa, esta puede ser instaurada por cualquiera de las partes del contrato, el Ministerio Público, un tercero con interés, o incluso puede ser declarada de oficio por el propio juez[197]. Este aspecto reviste importancia, ya que la decisión judicial podría determinar la nulidad del contrato, aunque nadie haya formulado dicha pretensión durante el proceso judicial[198].

En contraste, la controversia contractual con pretensión de nulidad del contrato basada en la presencia de un vicio constitutivo de causal de nulidad relativa solo puede ser argumentada por las partes del contrato.

---

[196] Ley 1437 de 2011, artículo 141.

[197] Ley 80 de 1993, artículo 45. Ley 1437 de 2011, artículo 141.

[198] EXPÓSITO VÉLEZ, JUAN CARLOS. El juez de lo contencioso administrativo y el contrato estatal. En: Horizontes del Contencioso Administrativo. T. II. El Contencioso Jurisdiccional. Universidad Externado de Colombia, 2022, p. 291.

En los demás casos de controversias contractuales, la norma general en cuanto a la legitimación establece que solo las partes del contrato pueden iniciarlas. No obstante, de manera excepcional, se ha permitido que algunos terceros estén habilitados para hacerlo, siempre y cuando demuestren un interés legítimo para intervenir en el proceso[199]. No obstante, esa no es la única diferencia entre estas dos categorías de controversia contractual, ya que el término para presentar la demanda[200] y las causales de nulidad[201] también son elementos distintivos en estos escenarios procesales.

En relación con las controversias contractuales que buscan la nulidad de los actos administrativos contractuales y, por supuesto, la derivación de los efectos consecuenciales de tal declaración, ya sea en términos de restablecimiento del derecho o reparación, es pertinente señalar que están sujetas al desafío de desvirtuar la presunción de legalidad de los actos examinados, en condiciones similares a las exigidas en el medio de control establecido en el artículo 138 del CPACA. Esto implica, entre otras cosas, la obligación de indicar en la demanda la norma violada y el concepto de violación, fundamentando así la pretensión de anulación, y cumpliendo con la condición necesaria para el posterior restablecimiento del derecho o reparación.

En el ámbito de las pretensiones destinadas a imputar incumplimiento contractual y, como consecuencia, buscar la reparación de daños y perjuicios o el restablecimiento de derechos, estas pueden presentarse como pretensiones principales

---

199 Como sucede con el caso de las compañías de seguro. Consejo de Estado. Sala de lo Contencioso Administrativo. Sección Tercera Subsección B, M. P. Jaime Orlando Santofimio. Sentencia del 29 de julio de 2015. Radicación: 25000232600020090003001(40271).

200 Ley 1437 de 2011, artículo 164, numeral 2° literal J.

201 Ley 80 de 1993, artículos 44 y 46.

y autónomas debido a la mera existencia del incumplimiento y las afectaciones consiguientes. También pueden surgir como pretensiones consecuenciales, dependientes del éxito de una declaración previa, como podría ser la anulación de un acto administrativo que, a su vez, originó el incumplimiento contractual.

En cualquier caso, es importante destacar que, en este escenario, la pretensión de declaración del incumplimiento contractual suele ser una herramienta para alcanzar un objetivo más amplio, determinado por el restablecimiento de los derechos o la reparación de los daños y perjuicios. Por lo tanto, no es suficiente demostrar el simple incumplimiento contractual; será fundamental acreditar los efectos perjudiciales de dicho incumplimiento y, por supuesto, establecer la relación causal entre el incumplimiento y el daño ocasionado.

Cuando la controversia contractual se centra en la declaración de existencia del contrato, es crucial destacar que la condición necesaria es que el contrato estatal realmente exista, es decir, que se haya perfeccionado de acuerdo con la normativa aplicable. Si el contrato no se celebró siguiendo las formalidades requeridas para su celebración y perfeccionamiento, especialmente debido a su carácter solemne, no se puede buscar la declaración de existencia en el ámbito judicial. En los casos en los que se provean bienes o servicios sin un respaldo contractual, se podría intentar la compensación a través del medio de control de reparación directa, utilizando la figura conocida como *actio in rem verso*, con las restricciones jurisprudenciales que conlleva[202].

---

[202] Consejo de Estado. Sala de lo Contencioso Administrativo. Sala Plena Sección Tercera. M. P. Jaime Orlando Santofimio. Sentencia del 19 de noviembre de 2012. Radicación: 73001-23-31-000-2000-03075-01(24897). En el mismo sentido: Corte Constitucional. Sala Plena.

De manera similar, la controversia contractual puede dirigirse a buscar el restablecimiento del equilibrio económico del contrato, el cual puede verse afectado como resultado del incumplimiento contractual, de situaciones imprevistas bajo la teoría de la imprevisión[203], de acciones calificables en el marco de la teoría del hecho del príncipe, o de actos realizados en el ejercicio legítimo de potestades administrativas, por mencionar algunos ejemplos emblemáticos.

En todos estos casos, es probable que las pretensiones, los fundamentos jurídicos y las cargas probatorias presenten sus propias particularidades distintivas, evidenciando así la versatilidad del medio de control de controversias contractuales, que no se agota en los ejemplos mencionados.

En relación con la oportunidad para interponer una demanda en el contexto de este medio de control, es necesario distinguir varias situaciones. En primer lugar, se destaca la regulación peculiar prevista para las controversias contractuales originadas en la nulidad absoluta del contrato. En este escenario, se establece que la demanda puede presentarse mientras el contrato esté vigente, y en ningún caso el término puede ser inferior a dos años, contados a partir del día siguiente al perfeccionamiento del contrato. Esta disposición implica reconocer que la oportunidad para iniciar la acción legal puede exceder los dos años, siempre y cuando el contrato permanezca vigente.

Por otro lado, se presenta una situación diferente cuando la controversia contractual se centra en la nulidad relativa del contrato. En este caso, el término siempre será de dos años, contados desde el día siguiente al perfeccionamiento del contrato,

---

M. P. Ruth Stella Correa y Carlos Bernal Pulido. Sentencia del 29 de enero de 2020. Sentencia SU-020 de 2020.

203 Ley 80 de 1993, artículo 5.

independientemente de que la vigencia de este sea por un periodo superior

En el contexto de otras categorías de controversias contractuales, se presenta un escenario distinto. Aunque se estableció un término de dos años para interponer las demandas, la ley introdujo dos momentos a partir de los cuales comenzar a contabilizar dicho término, generando posibles confusiones.

En primer lugar, el inciso primero del literal (j) del numeral 2° del artículo 164 del CPACA establece que, en las controversias relativas a contratos, el término para presentar la demanda será de dos (2) años, contados a partir del día siguiente a la ocurrencia de los motivos de hecho o de derecho que les sirvan de fundamento. Esta disposición, en principio, se aplicaría a todas las controversias contractuales que no estén centradas en cuestionar la legalidad del contrato. Sin embargo, podría dar lugar a confusiones, ya que en casos en los que la vigencia del contrato exceda dicho término, una situación común en diversos tipos de contratos, las partes podrían sentir la obligación de presentar las demandas simultáneamente a la ejecución del contrato para evitar la configuración del término de caducidad.

Afortunadamente, a partir del inciso 3° de la norma mencionada, se han contemplado algunas hipótesis que, en conjunto con una decisión de unificación del Consejo de Estado sobre la materia, dan la impresión de una "plenitud hermética" en la regulación del término para presentar diversas controversias contractuales. En este caso, el punto de partida para dicho término no se basa en los motivos de hecho o de derecho que fundamentan la reclamación, sino que varía según el tipo de contratos involucrados, si requieren o no liquidación, y si esta liquidación se llevó a cabo y de qué manera. Expresamente la norma comentada establece:

> *En los siguientes contratos, el término de dos (2) años se contará así:*

> *i) En los de ejecución instantánea desde el día siguiente a cuando se cumplió o debió cumplirse el objeto del contrato;*
>
> *ii) En los que no requieran de liquidación, desde el día siguiente al de la terminación del contrato por cualquier causa;*
>
> *iii) En los que requieran de liquidación y esta sea efectuada de común acuerdo por las partes, desde el día siguiente al de la firma del acta;*
>
> *iv) En los que requieran de liquidación y esta sea efectuada unilateralmente por la administración, desde el día siguiente al de la ejecutoria del acto administrativo que la apruebe;*
>
> *v) En los que requieran de liquidación y esta no se logre por mutuo acuerdo o no se practique por la administración unilateralmente, una vez cumplido el término de dos (2) meses contados a partir del vencimiento del plazo convenido para hacerlo bilateralmente o, en su defecto, del término de los cuatro (4) meses siguientes a la terminación del contrato o la expedición del acto que lo ordene o del acuerdo que la disponga.*

También es importante destacar que, según una decisión de unificación del Consejo de Estado, se estableció que en el cálculo del término de caducidad del medio de control de controversias contractuales relacionadas con contratos que han sido liquidados después de expirar el plazo convencional o legalmente dispuesto para su liquidación, pero dentro de los dos años posteriores a dicho vencimiento, comenzará a partir del día siguiente a la firma del acta o de la ejecutoria del acto de liquidación del contrato, según corresponda.

En este sentido, señaló el alto tribunal, que el apartado v) del literal j del numeral 2 del artículo 164 del CPACA solo será aplicable cuando, al momento de presentar la demanda, el juez constate que no ha habido ninguna liquidación contractual[204].

---

[204] Consejo de Estado. Sala de lo Contencioso Administrativo. Sección Tercera. M. P. Jaime Enrique Rodríguez Navas. Sentencia de Unificación del 1° de agosto de 2019. Expediente: 05001-23-33-000-2018-00342-01 (62009).

La relevancia de estas condiciones para iniciar el cómputo del término para interponer la demanda radica en la practicidad que implica la capacidad de consolidar todas las controversias contractuales presentadas durante la ejecución de un contrato estatal en una sola demanda. Esto no solo contribuye a la eficiencia procesal, sino que también racionaliza el uso del sistema judicial, evitando una mayor congestión y, lo que es más importante, permitiendo a las partes del contrato concentrarse en su ejecución o cumplimiento. De esta manera, se evita dispersar la atención en la preocupación por las diversas controversias contractuales judiciales que de otra manera tendrían que tramitarse simultáneamente a la ejecución contractual.

En resumen, la aplicación de las condiciones descritas en la segunda hipótesis para el cómputo del término de dos años para presentar una demanda permite que los fundamentos de hecho o de derecho que originan la controversia hayan ocurrido significativamente antes en comparación con el momento a partir del cual se inicia el conteo del término. Esta situación no genera inconvenientes, ya que así ha sido decidido legislativamente dentro del amplio margen de configuración normativa del legislador. En este sentido, dicha regulación se muestra más garantista y proporciona una mayor certeza para los destinatarios de la norma, dado que estas hipótesis pueden ser aplicables a prácticamente cualquier tipo de controversias contractuales.

Por último, la disposición que establece el término de dos (2) años contados a partir del día siguiente a la ocurrencia de los motivos de hecho o de derecho que fundamentan la controversia mantiene su relevancia. Esto se debe a que preserva la posibilidad de presentar la controversia contractual desde ese momento, lo cual es crucial en situaciones en las que el afectado no puede esperar a que llegue una de las oportunidades para iniciar el cómputo del término, asociada a la terminación o liquidación del contrato.

2.19. MEDIO DE CONTROL DE REPARACIÓN DE PERJUICIOS CAUSADOS A UN GRUPO

El Artículo 88 de la Constitución Política estableció que la ley regularía las acciones derivadas de los daños ocasionados a un grupo plural de personas, sin menoscabo de las acciones individuales correspondientes. En cumplimiento de esta disposición constitucional, se promulgó la Ley 472 de 1998, normativa que delineó las condiciones procesales para la aplicabilidad de esta innovadora figura, representando así un quiebre con los paradigmas tradicionales del derecho procesal.

Asimismo, el Artículo 145 del Código de Procedimiento Administrativo y de lo Contencioso Administrativo (CPACA) indicó que cualquier persona perteneciente a un número plural o conjunto de individuos con condiciones uniformes relacionadas con una misma causa de perjuicio puede solicitar, en nombre del conjunto, la declaración de responsabilidad patrimonial del Estado y el reconocimiento y pago de indemnización por los perjuicios causados al grupo, según lo estipulado por la norma especial que rige la materia.

En consonancia con lo expuesto anteriormente, el mismo artículo establece que, en el evento de que un acto administrativo de carácter particular afecte a veinte (20) o más personas individualmente identificadas, se podrá solicitar su nulidad si resulta necesaria para determinar la responsabilidad, siempre y cuando algún miembro del grupo haya agotado el recurso administrativo obligatorio. Es importante señalar que no es procedente utilizar esta figura cuando se busca la reparación de perjuicios ocasionados por varios actos administrativos individuales, dado que no se cumple el requisito de comunidad de causa o existencia jurídica del grupo. En estos casos, la reparación de los perjuicios causados por cada uno de dichos actos administrativos deberá intentarse de manera separada mediante el mecanismo procesal correspondiente[205].

La esencia de este mecanismo de control judicial se centra principalmente en aspectos indemnizatorios. Su objetivo fundamental consiste en lograr el reconocimiento y pago de la indemnización por los daños sufridos por el grupo, basándose en una causa común. Esta causa puede manifestarse a través de un hecho, una omisión, una operación administrativa, un acto administrativo lícito o ilícito, o cualquier otro motivo capaz de afectar al grupo y que justifique atribuir responsabilidad al Estado.

Es importante destacar que el término "grupo" al que hace referencia la normativa no constituye un concepto sociológico que requiera la existencia previa del grupo como condición indispensable para utilizar este medio de control. En este contexto, el grupo puede surgir como consecuencia directa de la causa común que origina los daños y perjuicios sufridos por sus miembros. Esto implica la posibilidad de que lo único que compartan los individuos que integran el grupo sea la razón de los perjuicios ocasionados y claro está, su intención de ser indemnizados[206].

Los individuos que conforman el grupo no están obligados a participar del proceso judicial a través de este medio de control, conservando el derecho a reclamar individualmente la

---

205 Consejo de Estado. Sala de lo Contencioso Administrativo. Sección Tercera. M. P. Alberto Montaña Plata. Decisión del 6 de diciembre de 2021. Radicación: 66001-33-31-003-2008-00410-01 (AG) REV.

206 Para determinar un grupo se debe identificar el hecho generador del daño para establecer si este hecho tuvo una relación causal con los daños sufridos por los miembros del grupo. Consejo de Estado. Sala de lo Contencioso Administrativo. Sala Primera Especial de Decisión. M. P. María Adriana Marín. Sentencia de 10 de junio de 2021. Radicación: 76001-23-31-000-2002-04584-02(AG)REV-SU.

indemnización por sus perjuicios[207]. Igualmente, es particular desde el punto de vista procesal que quienes no participaron activamente en el proceso puedan acogerse a los efectos de fallo emitido en la reclamación de grupo, siempre y cuando cumplan las condiciones exigidas y lo hagan dentro de la oportunidad prevista en la ley para tal propósito[208].

El procedimiento judicial para tramitar este medio de control es especial, y por tratase de un contencioso subjetivo plural de carácter patrimonial se exige la intervención a través de un abogado. No es necesario que el abogado obtenga poder de la totalidad de los miembros del grupo, e incluso bastaría, en teoría, con obtener un solo poder[209].

Las pretensiones estarían asociadas a la causa generadora de los daños y perjuicios ocasionados al grupo. Por ejemplo, si dicha causa fue la expedición de un acto administrativo viciado, la primera pretensión lógicamente estará encaminada a solicitar la nulidad. En consecuencia, el demandante tendría la carga de desvirtuar la presunción de legalidad del acto administrativo, como condición habilitante para la prosperidad de la pretensión indemnizatoria. Por otro lado, si la causa se deriva de un hecho o una omisión imputable al Estado, la pretensión se centrará, en primer término, en la imputación de responsabilidad estatal por los perjuicios padecidos por el grupo, seguida de la pretensión indemnizatoria correspondiente.

En todo caso, como es obvio, para sacar avante las pretensiones se tendrán que acreditar los elementos estructurales de la responsabilidad, comenzando por los daños y perjuicios ocasionados a los miembros del grupo, así como los aspectos que permitan imputar la responsabilidad a la parte demandada.

---

207 Ley 472 de 1998, artículo 56.

208 Ley 472 de 1998, artículo 55.

209 Ley 472 de 1998. Artículos 48 y 49.

En cuanto al término para presentar la demanda le ley dispone que, por regla general, será de dos (2) años siguientes a la fecha en que se causó el daño, a excepción de aquellos eventos en los cuales el daño fue causado por un acto administrativo viciado de nulidad, en cuyo caso, la demanda deberá presentarse dentro de los cuatro (4) meses siguientes a su notificación, publicación, comunicación o ejecución, según corresponda.

2.20. MEDIO DE CONTROL PARA LA PROTECCIÓN DE LOS DERECHOS E INTERESES COLECTIVOS

El artículo 88 de la Constitución Política sienta las bases para la regulación de un medio de control especial destinado a la protección de los derechos e intereses colectivos. Este mecanismo fue desarrollado a través de la Ley 472 de 1998 y posteriormente incorporado al Código de Procedimiento Administrativo y de lo Contencioso Administrativo (CPACA) mediante el artículo 144.

Este medio de control se presenta como un instrumento de carácter público, encaminado a la protección de los derechos colectivos y no intereses subjetivos[210], popular, ya que cualquier persona tiene la facultad de interponer directamente una demanda para la protección de los derechos e intereses colectivos[211], preventivo, en la medida en que es suficiente con que

---

210 Corte Constitucional. Sala Plena. M. P. Martha Victoria Sáchica. Sentencia del 14 de abril de 1999. Sentencia C-215 de 1999.

211 El artículo 12 de la Ley 472 de 1998 prevé un listado bastante amplio de sujetos legitimados para promover la demanda, entre los cuales se destaca el Defensor del Pueblo, el Procurador General de la Nación, los Personeros Municipales, y en general los servidores públicos que por razón de sus funciones deban promover la protección de estos derechos.

exista riesgo o amenaza a los derechos o intereses colectivos. En este sentido, se puede solicitar la adopción de medidas necesarias para prevenir daños contingentes, poner fin a peligros, amenazas, vulneraciones o agravios sobre los mismos, o restituir las cosas a su estado anterior cuando sea factible, dado que el juez de lo contencioso administrativo debe asumir el papel de garante de los derechos colectivos[212].

La legislación establece que, si la vulneración de los derechos e intereses colectivos proviene de la actividad de una entidad pública, es posible demandar su protección. Esta posibilidad se extiende incluso cuando la conducta vulnerante sea un acto administrativo o un contrato. Es importante señalar que, en ambos casos, el juez no tiene la facultad de anular directamente el acto o el contrato. Sin embargo, conserva la capacidad de adoptar las medidas necesarias para poner fin a la amenaza o vulneración de los derechos colectivos, sin perjuicio de las acciones que puedan tomarse con respecto al acto o contrato en cuestión[213].

En ese sentido, la legislación es prolífica al establecer una amplia variedad de medidas cautelares[214], las cuales deberán guardar relación con la causa petendi de la demanda y dirigirse hacia la fuente de la amenaza o vulneración del derecho

---

212 RINCÓN CÓRDOBA, JORGE IVÁN. Las sentencias estructurales derivadas de las acciones populares y la desnaturalización del juez: la difícil línea entre impartir justicia y formular políticas públicas. En: Horizontes del Contencioso Administrativo. T. II. El contencioso administrativo jurisdiccional. Universidad Externado de Colombia, 2022, p. 1193.

213 Ley 1437 de 2011, artículo 144. Consejo de Estado. Sala de lo Contencioso Administrativo. Sección Segunda. M. P. Sandra Lisset Ibarra. Sentencia del 4 de octubre de 2021. Radicación:52001-33-31-008-2008-00304-01 (AP) REV-SU 20211004.

214 Ley 472 de 1998, artículo 25.

o interés colectivo[215]. El procedimiento judicial para llevar a cabo este trámite especial está definido por la Ley 472 de 1998. Es importante destacar que la presentación de la demanda no está sujeta a término de caducidad, lo que implica que puede iniciarse en cualquier tiempo mientras subsista la amenaza o peligro al derecho e interés colectivo[216].

2.21. MEDIO DE CONTROL PARA EL CUMPLIMIENTO DE NORMAS CON FUERZA MATERIAL DE LEY O ACTOS ADMINISTRATIVOS

El artículo 87 de la Constitución Política estableció el fundamento constitucional para la creación de un instrumento judicial orientado a facultar a las personas para exigir el cumplimiento de las normas con fuerza material de ley o de los actos administrativos. En respuesta a este mandato, se promulgó la Ley 393 de 1997, la cual desarrolló dicho artículo constitucional, estableciendo los requisitos y condiciones procesales para su aplicación. Posteriormente, esta figura fue incorporada al Código de Procedimiento Administrativo y de lo Contencioso Administrativo (CPACA) a través del artículo 146, preservando su esencia procesal.

Conforme a la Ley 393 de 1997, esta herramienta puede ser utilizada por cualquier persona, incluyendo servidores públicos, especialmente aquellos que desempeñan funciones de control disciplinario o fiscal, así como por organizaciones

---

215 Consejo de Estado. Sala de lo Contencioso Administrativo. Sección Cuarta. M. P. María Adriana Marín. Sentencia del 5 de mayo de 2020. Radicación: 25000-23-15-000-2006-00190-01 (AP)REV-SU.

216 Corte Constitucional. Sala Plena. M. P. Martha Victoria Sáchica. Sentencia del 14 de abril de 1999. Sentencia C-215 de 1999.

sociales o no gubernamentales[217]. Puede ser dirigida contra la autoridad responsable de garantizar el cumplimiento de la norma[218], o excepcionalmente, frente a particulares que deben actuar en ejercicio de funciones públicas[219].

A diferencia de otros medios de control, el propósito de este instrumento no es indemnizatorio, sino más bien orientado hacia la obligación de ejecutar la norma cuyo cumplimiento recae sobre la autoridad renuente. En este sentido, la sentencia no tiene carácter declarativo ni condenatorio, ya que no implica la generación o reconocimiento de un derecho, sino que simplemente constata la obligación incumplida e imparte la orden para su ejecución cuando sea procedente.

El procedimiento de este medio de control goza de preferencia, excepto en comparación con el trámite de la tutela destinada a la protección de derechos fundamentales. Además, no puede emplearse para proteger derechos que sean amparables a través de la tutela, y es inapropiado cuando el afectado tenga o haya tenido otro medio judicial para lograr el efectivo cumplimiento de la norma o acto administrativo, a menos que la falta de intervención del juez genere un perjuicio grave e inminente para el demandante[220] o cuando se busque el cumplimiento de normas que impliquen gastos[221]. La constitución en renuencia se configura como un requisito procesal específico aplicable a esta figura[222].

217 Ley 393 de 1997, artículo 4.

218 Ley 393 de 1997, artículo 5.

219 Ley 393 de 1997, artículo 6.

220 Ley 393 de 1997, artículo 9.

221 Parágrafo del artículo 9 de la Ley 393 de 1997.

222 Ley 393 de 1997, artículo 8. En concordancia con el artículo 146 de la Ley 1437 de 2011.

Capítulo 3

Presupuestos procesales

3.1. INTRODUCCIÓN

Los presupuestos procesales son los requisitos legales establecidos para iniciar de manera adecuada un proceso jurisdiccional contencioso administrativo. En materia contenciosa administrativa existen presupuestos que difieren significativamente de aquellos que captan la atención de los procesalistas, quienes suelen centrarse en el estudio del procedimiento civil. Un ejemplo destacado de esta disparidad se encuentra en los presupuestos vinculados a la presentación de recursos obligatorios, la constitución de la renuencia o la reclamación previa, figuras que son propias de la terminología específica del proceso contencioso administrativo y, por lo tanto, resultan ajenas a la lógica convencional de otras facetas del derecho procesal[223].

Es crucial reconocer que algunas de estas exigencias cumplen la función de garantías auténticas del debido proceso, mientras que otras pueden percibirse como obstáculos que dificultan de manera innecesaria el acceso al sistema judicial. En lugar de contribuir a la justicia, estas últimas pueden convertirse en barreras que dificulten el acceso a la jurisdicción[224].

---

223 ROJAS LÓPEZ, JUAN GABRIEL. Los presupuestos procesales en el derecho procesal Administrativo. Medellín: Librería Jurídica Sánchez, 2021, p. 19.

224 ROJAS LÓPEZ, JUAN GABRIEL. Cargas y trabas en el acceso a la Jurisdicción de lo Contencioso Administrativo. En: Horizontes del

Por lo anterior, el legislador debería evaluar la necesidad y proporcionalidad de estos requisitos para evitar que se conviertan en trabas injustificadas. En el proceso de reforma o revisión del sistema legal, debería considerarse la optimización de los procedimientos, eliminando aquellas exigencias que no aporten de manera significativa a la justicia y que, por el contrario, representen impedimentos innecesarios para el pleno ejercicio del derecho a la tutela judicial efectiva. Este enfoque garantizaría un acceso más equitativo y expedito a la justicia, y una reivindicación a los principios fundamentales del debido proceso.

3.2. LA CAPACIDAD PROCESAL

El presupuesto de la capacidad procesal constituye una institución de naturaleza compleja, orientada a establecer quién tiene la facultad de asumir la condición de parte en un proceso judicial, de qué manera puede comparecer y si tiene la capacidad de hacerlo de manera autónoma o si es necesario contar con la representación de un abogado para actuar válidamente en el proceso. En virtud de esta complejidad, se abordarán de manera individual los tres elementos estructurales que lo componen.

3.2.1. Capacidad para ser parte

La capacidad para ser parte constituye un atributo de la personalidad jurídica aplicable a cualquier individuo, ya sea persona natural o jurídica[225]. Este atributo confiere la habilidad

---

Contencioso Administrativo. T. II. Bogotá: Universidad Externado de Colombia, p. 59.

225 OSPINA FERNÁNDEZ, GUILLERMO y OSPINA ACOSTA, EDUARDO. Teoría general del contrato y los demás actos o negocios jurídicos. Bogotá: Temis, 1994, p. 86.

general para participar en un proceso como demandante, demandado o incluso como tercero[226]; en resumen, se refiere a la capacidad de ser sujeto en una relación jurídico-procesal[227].

Cabe destacar que es posible tener capacidad para ser parte incluso sin poseer personalidad jurídica. En este sentido, el artículo 53 de la Ley 1564 de 2012, también conocida como Código General del Proceso, establece que, además de personas naturales y jurídicas, pueden ser parte en un proceso, los patrimonios autónomos, el concebido para la defensa de sus derechos, y otros sujetos determinados por la ley. En la misma línea, el artículo 29 de la Ley 2200 de 2022 otorga capacidad para ser parte a las Asambleas Departamentales. Así como desde el año 2013, se reconoce este atributo a los consorcios y las uniones temporales para ciertos tipos de controversias judiciales[228].

Cuando el conflicto involucra a un organismo sin personería jurídica, la situación difiere generalmente. En estos casos, se requerirá convocar al proceso como parte, al ente con personería jurídica al que pertenece o del cual forma parte, a menos que la ley disponga lo contrario. En otras palabras, se dirigirá la imputación a la entidad dotada de personería jurídica.

Este escenario se observa, por ejemplo, en instituciones como la Policía o el Ejército Nacional, que no son entidades descentralizadas. En consecuencia, la parte convocada en últi-

---

226 QUINTERO, BEATRIZ y PRIETO, E. Teoría general del proceso. Bogotá: Temis, 2000, p. 325.

227 Consejo de Estado. Sala de lo Contencioso Administrativo. Sala Plena de la Sección Tercera. M. P. Enrique Gil Botero. Auto del 25 de septiembre de 2013. Radicación: 25000-23-26-000-1997-05033-01(20420).

228 Consejo de Estado. Sala de lo Contencioso Administrativo. Sala Plena de la Sección Tercera. Sentencia del 25 de septiembre de 2013. M. P: Mauricio Fajardo Gómez. Radicación: 250002326000-1997-0393

ma instancia será la nación, acompañada por el Ministerio de Defensa y la Policía o el Ejército Nacional. Asimismo, cuando se busca impugnar un acto del Concejo Municipal, la parte demandada será el propio municipio.

En situaciones de conflictos derivados de la violación de derechos fundamentales, incumplimiento de normas jurídicas, solicitudes de pérdida de investidura de miembros de corporaciones públicas o pérdida del cargo, entre otros casos similares, las reglas básicas previamente enunciadas para caracterizar el concepto de parte en sentido procesal pueden experimentar cambios.

Esta posibilidad se fundamenta en el hecho de que, en estas circunstancias, la controversia judicial puede configurarse directamente con la autoridad o el funcionario a quien se le atribuye el incumplimiento normativo o la violación del derecho fundamental. En consecuencia, las reglas convencionales sobre quién es considerado "parte" en el proceso pueden variar, permitiendo un enfoque más directo hacia la autoridad o el funcionario involucrado en el conflicto legal[229].

En ciertos casos, la normativa establece que, para presentar ciertos medios de control, no es suficiente tener la calidad de persona para asumir el papel de demandante; se requiere específicamente ostentar la calidad especial de ciudadano. Esta condición se aplica en situaciones en las que la solicitud tiene algún contenido político, como es el caso de la solicitud de pérdida de investidura o la demanda de nulidad por inconstitucionalidad[230]. Esta disposición implica que las personas jurídicas quedan excluidas de la posibilidad de plantear tales reclamaciones judiciales.

---

229 ROJAS LOPEZ. Óp. Cit., pp.38-39.

230 ROJAS LÓPEZ. Óp. Cit., p. 40.

El tema de la nulidad electoral merece una mención especial, ya que, según la Constitución y la ley, cualquier persona está habilitada para promoverla. No obstante, es importante realizar una precisión significativa en este contexto. Aunque la normativa permite que cualquier persona inicie un proceso de nulidad electoral, este medio de control tiene una connotación política particular. Resulta paradójico que un extranjero, que no tiene derecho al sufragio, pueda presentar una demanda de nulidad electoral. De hecho, tendría sentido formular el mismo cuestionamiento frente a una persona jurídica.

En este contexto, parece lógico y razonable clarificar que, aunque la ley actualmente permite a cualquier persona presentar una demanda de nulidad electoral, lo más coherente sería restringir esta posibilidad a los ciudadanos. Esta aclaración evitaría situaciones paradójicas y alinearían las disposiciones legales con la lógica de que solo los ciudadanos estén habilitados para cuestionar la legalidad de las elecciones o de los actos de contenido electoral.

Se destaca la necesidad de interpretar el concepto tradicional de la capacidad para ser parte con criterios ponderados, flexibilizándose especialmente en situaciones que involucren o afecten los derechos de minorías étnicas[231] y, en general, a sujetos en situación de especial vulnerabilidad[232]. Esta flexibilización se justifica en la imperante necesidad de permitir que estos grupos puedan acceder sin obstáculos a los mecanismos judiciales diseñados para la protección de sus derechos, en condiciones equiparables a las de otros sectores de la población. Este enfoque no solo promueve la equidad en el acceso a la justicia, sino que también contribuye al cumplimiento de los

---

231 Como, por ejemplo, el concepto de propiedad colectiva, reconocido explícitamente por el artículo 329 de la Constitución.

232 Corte Constitucional. Sala Sexta de Revisión. M. P. Jorge Iván Palacio. Sentencia del 19 de enero de 2016. Sentencia T-005 de 2016.

convenios internacionales suscritos y ratificados por Colombia en materia de derechos y protección de minorías[233]. Asimismo, la consideración de la naturaleza o los animales como sujetos de derechos impulsa a reexaminar las tradicionales perspectivas antropocéntricas que han fundamentado las nociones del derecho procesal[234].

3.2.2. Capacidad para comparecer al proceso

La capacidad para comparecer en un proceso se refiere a la autorización que la normativa vigente concede a ciertos individuos para participar válidamente en procedimientos jurisdiccionales[235]. Aquellas personas que tienen la capacidad de ejercer sus derechos pueden comparecer por sí mismas en el proceso. Sin embargo, aquellos que no pueden ejercer sus derechos deben actuar a través de representantes, de acuerdo con lo establecido por la ley[236].

Es esencial destacar que esta noción difiere de la capacidad para ser parte en un proceso. Por ejemplo, los menores de edad, a pesar de tener esta cualidad, no pueden comparecer de manera autónoma y válida en procesos contenciosos administrativos. En estos casos, deben actuar a través de representantes legales. Lo mismo se aplica a las personas jurídicas, que actúan a través de representantes legales o apoderados, según lo estipulado por la ley.

El Código General del Proceso establece claramente que los patrimonios autónomos comparecerán al proceso a través de sus representantes. En el caso de que estos sean constituidos

---

233 Como el Convenio 169 de la OIT.

234 Corte Constitucional. Sentencias T-080 de 2015 y T-622 de 2016.

235 ROJAS LÓPEZ. Óp. Cit., p. 46.

236 *Ibidem*

mediante sociedades fiduciarias, su comparecencia se realizará mediante el representante legal o apoderado de la sociedad fiduciaria correspondiente. En situaciones de personas jurídicas en liquidación, actuarán a través de su liquidador, y los concebidos serán representados por aquellos que asumirían su representación si ya hubieran nacido[237].

En el caso de las entidades públicas, su participación en procesos judiciales se llevará a cabo a través de sus representantes. En el sector central, cuando la Nación se vincula a través de sus organismos dependientes, como los Ministerios, esta participación estará regida por mandato legal, siendo el ministro respectivo o la persona de mayor jerarquía en el organismo emisor del acto o evento quien actuará en representación[238].

Por otro lado, los organismos del sector central de las administraciones del nivel territorial continuarán siendo representados por sus respectivos gobernadores o alcaldes distritales o municipales. Sin embargo, se introduce una novedad importante en los procesos originados por la actividad de los órganos de control del nivel territorial. En estos casos, la representación judicial corresponderá al personero o contralor

---

237 *Ibidem*, p. 47.

238 El artículo 159 del CPACA prevé que la entidad, órgano u organismo estatal estará representada, para efectos judiciales, por el ministro, director de Departamento Administrativo, Superintendente, registrador nacional del estado civil, procurador general de la nación, contralor general de la república o fiscal general de la nación o por la persona de mayor jerarquía en la entidad que expidió el acto o produjo el hecho.
El presidente del Senado representa a la nación en cuanto se relacione con la Rama Legislativa; y el director ejecutivo de administración judicial la representa en cuanto se relacione con la Rama Judicial, salvo si se trata de procesos en los que deba ser parte la Fiscalía General de la Nación

respectivo, marcando el fin de una antigua discusión sobre este asunto[239].

3.2.3. La capacidad para postular o pedir

Este aspecto de la capacidad se relaciona con la autorización normativa otorgada para presentar reclamaciones o demandas válidamente en el proceso judicial en representación de otro, siendo en cierta medida una faceta de la defensa o representación técnica de las partes[240]. En diversos eventos, la ley reconoce esta facultad a las propias partes o sus representantes, sin requerir una calidad distinta a la capacidad para comparecer al proceso. Sin embargo, en muchos otros casos, se exige una habilitación especial para llevar a cabo ciertas actuaciones judiciales, lo que implica actuar a través de un abogado, quien actuará como representante judicial del mandante.

Por lo tanto, la capacidad para postular o presentar reclamaciones se convierte en otra dimensión de la capacidad en términos procesales. Si la ley requiere la intervención de un mandatario judicial y no se cumple con esta exigencia, no se podrá iniciar válidamente la actuación procesal[241]. El artículo 160 de la Ley 1437 de 2011 establece como regla general la obligatoriedad de comparecer al proceso a través de un abogado inscrito, salvo en los casos en que la ley permita la intervención directa de las partes.

---

239 Inciso final del artículo 159 de la Ley 1437 de 2011.

240 Al respecto reza el artículo 73 de la Ley 1564 de 2012: "Artículo 73. *Derecho de postulación.* Las personas que hayan de comparecer al proceso deberán hacerlo por conducto de abogado legalmente autorizado, excepto en los casos en que la ley permita su intervención directa".

241 ROJAS LÓPEZ. Óp. Cit., p.58.

En el caso de entidades u organismos públicos, se considera que siempre deben actuar a través de un abogado en las actuaciones judiciales contencioso-administrativas pese a que la ley expresamente no lo indique[242]. Esta obligación no se aplica a personas naturales o jurídicas de derecho privado, que en muchos casos están exentas de la obligación de actuar a través de un abogado. Ejemplos de esto incluyen la solicitud de tutela de derechos fundamentales, el medio de control para la protección de los derechos e intereses colectivos, la solicitud judicial de cumplimiento de normas jurídicas, la nulidad electoral, la nulidad simple, la nulidad de cartas de naturaleza, la pérdida de investidura y la nulidad por inconstitucionalidad[243], en los cuales se puede prescindir de la intervención de un abogado.

En cambio, será obligatorio recurrir a los servicios profesionales de un abogado cuando se busque la reparación directa, la nulidad acumulada al restablecimiento del derecho y/o la reparación, las controversias contractuales, las pretensiones indemnizatorias de un grupo, la repetición, y, por supuesto, para cumplir con el requisito de procedibilidad de la conciliación extrajudicial.

3.3. LA CONCILIACIÓN EXTRAJUDICIAL EN DERECHO

La conciliación extrajudicial se convirtió en un requisito de procedibilidad en el ámbito contencioso administrativo con la promulgación de la Ley 1285 de 2009. Esta ley estableció la obligatoriedad de la conciliación extrajudicial como requisito previo para presentar demandas a través de medios de control

---

242 Con lo cual se buscaría la representación técnica de los intereses estatales.

243 En estos dos últimos eventos deberá tenerse en cuenta que se exige la calidad de ciudadano para obrar.

como la nulidad con restablecimiento del derecho, la reparación directa y las controversias contractuales[244]. Esta exigencia se mantuvo inalterada en el artículo 161 del CPACA, y en las recientes reformas legales, pese a que las estadísticas y las cifras no le son favorables a este requisito de procedibilidad[245].

Posteriormente, se amplió el requisito de procedibilidad a la presentación de demandas ejecutivas contra municipios, según lo estipulado en el artículo 47 de la Ley 1551 de 2012. Con la entrada en vigor del artículo 613 de la Ley 1564 de 2012, se estableció que no sería necesario agotar el requisito de procedibilidad de la conciliación extrajudicial en ciertos casos. Esta excepción aplicaba cuando la entidad demandante fuera pública, cuando el demandante solicitara medidas cautelares de carácter patrimonial, o incluso en procesos ejecutivos adelantados ante cualquier jurisdicción[246]. En estos casos particulares, se estipuló que el requisito de conciliación extrajudicial no sería obligatorio.

La Ley 2080 de 2021 introdujo modificaciones al artículo 161 del Código de Procedimiento Administrativo y de lo Contencioso Administrativo (CPACA). Según estas modificaciones, cuando los asuntos sean susceptibles de conciliación, el trámite de la conciliación extrajudicial se convierte en un requisito previo para toda demanda en la cual se formulen pretensiones relacionadas con nulidad con restablecimiento del derecho, reparación directa y controversias contractuales. Además, la

---

244 Ley 1289 de 2009, artículo 13.

245 ROJAS LÓPEZ, JUAN GABRIEL. Cargas y trabas en el acceso a la Jurisdicción de lo Contencioso Administrativo. En: Horizontes del Contencioso Administrativo. Bogotá: Universidad Externado de Colombia, p. 73 y ss.

246 No obstante, lo cual, la Corte Constitucional declaró en la Sentencia C-533 de 2013, que la Ley 1564 de 2012, no había derogado el artículo 47 de la Ley 1551 de 2012.

ley respaldó la necesidad de cumplir este requisito para las demandas ejecutivas contra municipios, que fue establecido en el artículo 47 de la Ley 1551 de 2012.

La Ley aclaró que el requisito de conciliación extrajudicial no se exigiría en los casos relacionados con asuntos laborales y pensionales. Además, se mantuvo la excepción en los casos en los que la parte demandante sea una entidad pública, a menos que ambas partes en disputa fueran entidades estatales, situación en la cual se conserva la exigencia de la conciliación extrajudicial como requisito procesal.

Con la reciente expedición de la Ley 2220 de 2022, también conocida como el estatuto de conciliación, se ha legislado nuevamente sobre el tema, introduciendo algunos cambios significativos. Uno de los aspectos destacados es la indicación de que, en asuntos laborales y de seguridad social, se aplicará lo dispuesto en los incisos 4 y 5 del artículo 89 de dicha ley. Estos incisos establecen que en los asuntos de naturaleza laboral y de seguridad social, se podrá conciliar siempre que el acuerdo no afecte derechos ciertos e indiscutibles, y que para la conciliación no se requerirá la renuncia de derechos. Esto ha generado cierta ambigüedad en cuanto a si en estos casos constituye o no un requisito, y plantea la pregunta de si es necesario analizar en cada caso si el objeto de la controversia guarda relación con derechos ciertos e indiscutibles, lo cual había sido un avance con la Ley 2080 de 2021.

La Ley 2220 de 2022 también estableció una drástica consecuencia procesal en caso de no agotar este requisito: el rechazo de plano de la demanda[247]. En cuanto a las particularidades de la conciliación extrajudicial en materia contenciosa administrativa, se destaca la exigencia de un conciliador calificado que debe ser un agente del Ministerio Público. Además, para

---

247 Ley 2220 de 2022, artículo 92.

su presentación se requiere la intervención de un abogado[248], el trámite se realizará típicamente a través de medios electrónicos[249], y la presentación de la solicitud suspende el término para la presentación de la demanda[250]. El procedimiento es especial, y la aprobación del acuerdo conciliatorio por parte del juez de lo contencioso administrativo es necesaria para que haga tránsito a cosa juzgada y preste mérito ejecutivo[251].

Es relevante señalar que en el trámite de aprobación judicial se añadió un nuevo papel para la Contraloría General de la República. El agente del Ministerio Público remitirá el acta de acuerdo total o parcial de conciliación, junto con el respectivo expediente, al juez o corporación competente para su aprobación y a la Contraloría General de la República para que emita su concepto ante el juez de conocimiento sobre si la conciliación afecta o no el patrimonio público, con un plazo de 30 días a partir de la recepción del acuerdo conciliatorio. Este concepto será obligatorio en casos superiores a 5 000 salarios mínimos legales mensuales.

La providencia que decida sobre el acuerdo conciliatorio deberá notificarse a las partes, al agente del Ministerio Público que adelantó la conciliación extrajudicial y a la Contraloría, quienes podrán interponer el recurso de apelación contra el auto que apruebe o desapruebe la conciliación. Además, no se permitirá la aprobación parcial de los acuerdos conciliatorios, a menos que haya una aceptación expresa de las partes, lo cual se considera un acierto legislativo.

---

248 Ley 2220 de 2022, artículo 88.

249 Ley 2220 de 2022, artículo 99.

250 Ley 2220 de 2022, artículo 96.

251 Ley 2220 de 2022, artículo 113.

3.4. PRESENTACIÓN OPORTUNA DE LA DEMANDA

El presupuesto procesal de la presentación oportuna de la demanda se refiere a la obligación de formular ciertas pretensiones o solicitudes procesales dentro de un tiempo determinado, evitando la caducidad o el fenecimiento del término establecido. Es importante destacar la precisa denominación utilizada por el legislador para esta figura, ya que el presupuesto procesal se basa en la presentación de la demanda en tiempo, no en el acaecimiento de la caducidad[252].

En cuanto a la caducidad, esta recae sobre el término para proponer la pretensión a través del medio de control judicial. La acción, entendida como un derecho autónomo y abstracto, existe independientemente de cualquier litigio y no caduca. La caducidad afecta al plazo específico para presentar una pretensión concreta mediante el ejercicio del derecho de acción a través de una demanda. En otras palabras, quien no presenta la demanda dentro del término legal pierde la oportunidad de formular la pretensión específica, pero no pierde el derecho de acción, ya que este es irrenunciable y no está vinculado a una pretensión particular[253].

En ciertas ocasiones, los medios de control no están sujetos a términos específicos. Esto suele ocurrir en eventos relacionados con la defensa del orden jurídico en sentido abstracto, la protección de bienes de uso público, o cuando el asunto no tiene implicaciones patrimoniales, aunque todo ello puede tener sus excepciones.

---

252 ROJAS LÓPEZ. Óp. Cit., p. 173.

253 Es interesante cómo denomina la tratadista Beatriz Quintero el presupuesto procesal referido a la caducidad. "El presupuesto procesal de la no caducidad del término para proponer la pretensión ", nótese cómo no se refiere a la caducidad de la acción. Op.cit., p.345.

Por ejemplo, el medio de control de nulidad generalmente no está sujeto a un término, excepto en casos como los contemplados en el artículo 164, numeral 2°, literales c y d, del Código de Procedimiento Administrativo y de lo Contencioso Administrativo (CPACA). Tampoco tienen términos los medios de control de nulidad por inconstitucionalidad, el mecanismo para la protección de derechos e intereses colectivos y aquel utilizado para exigir el cumplimiento de normas con fuerza material de ley o de acto administrativo.

Asimismo, se permite demandar en cualquier momento cuando el litigio involucra bienes estatales imprescriptibles e inajenables, cuando se dirige contra actos que reconocen o niegan prestaciones periódicas, o cuando se deriva de la configuración del silencio administrativo[254]. Aunque el medio de control en estos casos puede ser de nulidad y restablecimiento del derecho, la presentación de la demanda no está sujeta a término alguno.

Por razones de seguridad jurídica y para asegurar la estabilidad de las relaciones sociales, el legislador tiene la facultad de establecer términos como los previstos en el artículo 164, numeral 2°, del CPACA, donde se listan la mayoría de los escenarios procesales. Además, algunos términos se encuentran dispersos en la legislación, como ocurre con el término para la presentación oportuna de la demanda en materia de pérdida de investidura[255] o en el mecanismo especial aplicable a la decisión de expropiación por vía administrativa[256], por mencionar algunos ejemplos.

---

254 Ley 1437 de 2011, artículo 164, numeral 1°.

255 Ley 1881 de 2018, artículo 6°.

256 Ley 388 de 1997, artículo 71.

En casos excepcionales, el término para presentar una pretensión o promover un medio de control puede ser suspendido. Esta suspensión puede ocurrir, por ejemplo, en situaciones como la radicación de la solicitud de conciliación extrajudicial[257], la solicitud de aplicación extensiva de un fallo de unificación jurisprudencial[258], o durante el trámite del concepto solicitado ante la Sala de Consulta y Servicio Civil del Consejo de Estado[259].

3.5. INTERPOSICIÓN DE LOS RECURSOS OBLIGATORIOS

El artículo 161, numeral 2° de la Ley 1437 de 2011, establece la exigencia de formular y decidir los recursos administrativos obligatorios antes de pretender la nulidad de un acto administrativo de carácter particular[260]. De manera similar, el inciso final del artículo 145 de la misma ley impone este requisito para el medio de control destinado a la reparación de perjuicios causados a un grupo, siempre que el daño se derive de un acto administrativo particular viciado de nulidad.

---

257 Ley 2220 de 2022, artículo 96.

258 Ley 1437 de 2011, artículo 102.

259 Ley 2080 de 2021, artículo 19, modificatorio del artículo 112 del CPACA.

260 La legislación vigente contempla como obligatorios el recurso de apelación, y eventualmente, el de reconsideración.

Este requisito ha sido aceptado de manera generalizada por la judicatura[261] y parte de la doctrina de Colombia[262], en donde la libertad de configuración legislativa en este campo no ha sido cuestionada en relación con el papel que deben desempeñar los presupuestos procesales, y menos aún, en cuanto a las posibles restricciones al derecho de acceso a la justicia que podría implicar un requisito de esta naturaleza.

La justificación tradicional de este requisito se apoya en dos pilares fundamentales: a) proporcionar a la Administración la oportunidad de corregir sus errores y b) evitar al administrado el engorroso proceso que, además, podría contribuir a la congestión judicial.

Aunque la justificación mencionada puede parecer razonable, no se alinea adecuadamente con el efecto potencialmente perjudicial para el ciudadano que resulta de no presentar el recurso administrativo obligatorio de apelación o reconsideración, según el caso. Este efecto se traduce, ni más ni menos, en

---

261 Corte Constitucional, Sala Plena, Sentencia C-319 del 2 de mayo de 2002., en el mismo sentido, Consejo de Estado, Sala de lo Contencioso Administrativo, Sección Segunda, sentencia del 20 de noviembre de 2019, radicado: 11001-03-25-000-2011-00255-01 (0886-2011). Igualmente: Consejo de Estado, Sala de lo Contencioso Administrativo, Sección Cuarta, sentencia del 9 de marzo de 2017, radicado: 05001-23-31-000-2012-00909-01 (21511).

262 PALACIO HINCAPIÉ, JUAN ÁNGEL. *Derecho Procesal Administrativo,* Librería Jurídica Sánchez, Colombia, 2004, p.55. En el mismo sentido: GONZÁLEZ RODRIGUEZ, MIGUEL. *Derecho Procesal Administrativo,* Universidad Libre, Colombia, 2007, p. 151. Igualmente: SANTOFIMIO GAMBOA, JAIME ORLANDO. *Compendio de Derecho Administrativo,* Universidad Externado de Colombia, Colombia, 2017, pp. 456-457. Jaime Orlando Santofimio Gamboa, *Tratado de Derecho Administrativo,* T III, Universidad Externado de Colombia, Colombia, 2004, p. 407 y ss. En el mismo sentido: GIRALDO CASTAÑO, ÓSCAR ANÍBAL, *Derecho Administrativo General,* Señal Editora, Colombia, 2010, p, 121 y ss.

la imposibilidad de impugnar la legalidad de un acto administrativo particular en sede judicial, incluso si el acto está viciado o si los derechos del ciudadano se ven afectados. Todo esto se argumenta bajo la premisa de que la presentación del recurso es una condición habilitante para recurrir al ámbito judicial, sin tener en cuenta la razonabilidad de tal exigencia[263].

En este sentido, si la preocupación subyacente detrás de la justificación de esta figura es permitir que la Administración corrija sus propios errores o evitar el proceso judicial engorroso, este objetivo podría lograrse simplemente permitiendo que los recursos se formulen sin imponer su carácter obligatorio[264]. De esta manera, no constituirían un obstáculo para el control efectivo de los actos administrativos ni para la tutela efectiva de los derechos de los administrados[265]. De hecho, varias disposiciones legales indican que para el desarrollo del proceso judicial no es indispensable formular recurso alguno. Entre las disposiciones que destacan se encuentran:

a) El inciso final del numeral 2° del artículo 161 de la Ley 1437 de 2011, prevé que, "*si las autoridades administrativas no hubieran dado la oportunidad de interponer los recursos procedentes, no será exigible el requisito al que se refiere este numeral*", dejando de esta manera muy claro, que es per-

---

263 OSPINA GARZÓN, ANDRÉS FERNANDO, "La justicia administrativa para la paz o los "medios de control" para la paz", en La constitucionalización del derecho administrativo. El derecho administrativo para la paz, T.II, Universidad Externado de Colombia, agosto de 2016, p. 661.

264 ROJAS LOPEZ, JUAN GABRIEL. Cargas y trabas en el acceso a la Jurisdicción de lo Contencioso Administrativo. En: Horizontes del Contencioso Administrativo. T. II. Universidad Externado de Colombia. Bogotá. 2022. P.61.

265 ROJAS LOPEZ, JUAN GABRIEL. *Por un Régimen Unitario de Mecanismos de Control Judicial a la Administración Pública,* Comlibros, Colombia, 2007, p.142.

fectamente posible controvertir en este evento, el acto administrativo en sede judicial pese a no haberse formulado recurso alguno.

b) La misma disposición contempla que, "*el silencio negativo en relación con la primera petición permitirá demandar directamente el acto presunto*". En este caso resulta apenas obvio que se haya previsto tal consecuencia ante la omisión completa de dar la oportunidad de presentar los recursos procedentes, al no existir notificación de ningún acto expreso. Por otra parte, representa otro buen ejemplo que permite evidenciar que el acto administrativo se puede cuestionar ante el aparato judicial sin que previamente se haya presentado recurso administrativo alguno.

c) Son varios los ejemplos de actos administrativos de carácter particular frente a los cuales no procede ningún recurso o no procede ningún recurso obligatorio, lo cual no impide su control jurisdiccional[266].

d) El artículo 163 de la Ley 1437 de 2011 consagra una expresión de singular importancia y pertinencia, que reza: "*Si el acto fue objeto de recursos ante la administración se entenderán demandados los actos que los resolvieron*", lo cual supone una destacada revelación: No es necesario pretender la nulidad del acto que resolvió el recurso formulado, pues por mandato legal, se sobrentiende demandado. Ello supone el reconocimiento tácito de la inutilidad práctica de la decisión de los recursos de cara al control jurisdiccional de la decisión definitiva.

e) El parágrafo del artículo 720 del Estatuto Tributario Nacional, indica:

---

266 Los Incisos 2° y 3° del numeral 2° del artículo 74 de la Ley 1437 de 2011 constituyen un buen ejemplo de ello.

> *Cuando se hubiere atendido en debida forma el requerimiento especial y no obstante se practique liquidación oficial, el contribuyente podrá prescindir del recurso de reconsideración y acudir directamente ante la jurisdicción contencioso administrativa dentro de los cuatro (4) meses siguientes a la notificación de la liquidación oficial.*

Dejando claro que es perfectamente posible acudir a la jurisdicción sin necesidad de que se haya formulado y decidido el recurso de reconsideración[267].

Se pueden agregar otros argumentos que demuestran la inutilidad e inconveniencia social de esta figura, entre los cuales se destaca que la ciudadanía no solo desconoce la temática de los recursos administrativos y no identifica cuáles son obligatorios, sino también las consecuencias de no formularlos[268].

3.6. LA DEMANDA EN FORMA

Este presupuesto procesal se relaciona con los requisitos formales de la demanda, los cuales están expresamente establecidos en el artículo 162 del CPACA, modificado y adicionado por el artículo 35 de la Ley 2080 de 2021.

En el momento de verificar estos requisitos durante el análisis de admisibilidad, el juez debe realizar una interpretación racional de los mismos. Esto tiene como objetivo evitar imponer a la parte demandante exigencias superiores a las estipuladas por la ley, asegurando así que el proceso judicial funcione efectivamente como un instrumento para la resolución de conflictos y para garantizar el derecho de acceso a la justicia[269].

---

267 ROJAS LOPEZ. Óp. Cit., p.62

268 ROJAS LOPEZ. Óp. Cit., p.65.

269 Consejo de Estado. Sala de lo Contencioso Administrativo. Sección Cuarta: MP: Jorge Octavio Ramírez. Auto del 26 de septiembre de

Esto es especialmente relevante en casos en los que el medio de control en cuestión permite la actuación sin la representación de un abogado.

Si, a pesar de lo anterior, se determina que existe un incumplimiento de los requisitos formales de la demanda, esta deberá ser inadmitida para que pueda corregirse dentro del plazo correspondiente. No obstante, el demandado, a través de la presentación de excepciones previas, puede señalar los defectos de la demanda, lo que potencialmente abrirá una nueva oportunidad de corrección. Además, durante la audiencia inicial, se podrá realizar un control adicional. Una vez superadas estas etapas, no es procedente revivir la discusión sobre los requisitos formales de la demanda, los cuales se considerarán superados, siempre que, como regla general, sean subsanables.

En relación con lo anterior, el artículo 162 del CPACA establece que toda demanda debe ser presentada ante la autoridad judicial competente. Acto seguido, se detallan los elementos que deben incluirse en la demanda, a saber: la identificación de las partes y sus representantes, la especificación de las pretensiones procesales, la exposición de los hechos y omisiones que fundamentan dichas pretensiones, los fundamentos legales, en el caso de pretensiones anulatorias se deben mencionar las normas infringidas y explicar el concepto de violación, así como las pruebas que se pretenden presentar. También se requiere una estimación razonada de la cuantía cuando sea necesaria para determinar la competencia judicial, así como la indicación del lugar y dirección donde las partes y el apoderado de la parte demandante recibirán notificaciones personales. Además, se debe especificar el canal digital de notificación, y, como complemento, se debe cumplir con la obligación de enviar electrónicamente una copia de la demanda y sus anexos a

---

2013. Radicación: 08001-23-333-004-2012-00173-01(20135).

los demandados[270], salvo en casos de solicitud de medidas cautelares previas o cuando se desconozca el lugar donde el demandado recibirá notificaciones. En situaciones en las que no se conozca el canal digital del demandado, se debe acreditar el envío físico de la demanda con sus anexos al demandado[271]. En detalle, los requisitos formales de la demanda se desglosan de la siguiente manera:

Primero: La demanda debe estar dirigida a la autoridad judicial competente. Aunque este requisito no figura explícitamente en la lista de requisitos formales, constituye el primer elemento esencial de la demanda. Es importante destacar que este acto no solo satisface un requisito formal, sino que también verifica un presupuesto procesal fundamental: la competencia del juez.

Segundo: Deben indicarse las partes involucradas y sus respectivos representantes. Este elemento impone la obligación de identificar de manera clara a los participantes en el proceso, asumiendo roles de partes procesales, y de especificar quiénes actuarán como sus representantes legales. Esta exigencia está estrechamente vinculada al cumplimiento de otro presupuesto procesal crucial: la capacidad procesal

Tercero: Se requiere la determinación de las pretensiones procesales. Las pretensiones deben ser expuestas de manera clara y separada, siguiendo las disposiciones para la acumulación de pretensiones. En casos donde se busque la nulidad de un acto administrativo, es esencial individualizarlo con total precisión. Cabe destacar que, si el acto administrativo fue objeto de recursos administrativos, se entenderá que están

---

270 Del mismo modo deberá proceder el demandante cuando al inadmitirse la demanda presente el escrito de subsanación.

271 Ley 1437 de 2011, artículo 162.

demandados los actos que resolvieron dichos recursos, aunque esto no impide que se pretenda expresamente su anulación.

Es crucial recordar que, por su propia naturaleza, las pretensiones tienen la finalidad exclusiva de solicitar, no de exponer hechos o fundamentos jurídicos, y mucho menos de presentar alegaciones. Por ende, cuanto más precisas sean las pretensiones, mejor cumplirán su función.

Cuarto: Los hechos y omisiones que sustenten las pretensiones. La exposición de los fundamentos fácticos debe realizarse de forma coherente y lógica. Por esta razón, la normativa requiere que dichos fundamentos sean específicos, clasificados y numerados para asegurar su comprensión. Utilizar un lenguaje claro, simple pero preciso, será fundamental para cumplir con el objetivo de lograr una comunicación efectiva.

Quinto: los fundamentos de derecho y, eventualmente, las normas violadas y el concepto de violación. En primer lugar, se destaca que la demanda debe incluir la enunciación de los fundamentos de derecho que respaldan las pretensiones. Este requisito es aplicable a todas las demandas, independientemente de la naturaleza de las pretensiones, ya que todas deben contar con un respaldo jurídico que las justifique.

En contraste, se establece que, en el caso de impugnación de un acto administrativo, se deben indicar las normas violadas y proporcionar el concepto de violación. Esta exigencia se justifica porque, en este contexto, el argumento jurídico se centra en desvirtuar la presunción de legalidad del acto administrativo, lo cual requiere presentar de manera concreta la norma que se alega como violada y los fundamentos de esa violación. En este ámbito, persiste el principio de la justicia rogada, siendo responsabilidad del demandante identificar el vicio que afecta la validez del acto administrativo.

Es importante subrayar que, según el artículo 167 de la Ley 1437 de 2011, cuando el demandante invoque normas con alcance no nacional, deberá adjuntar copias del texto que las contenga. No obstante, esta obligación no aplica si las normas locales señaladas como infringidas están disponibles en el sitio web de la respectiva entidad, información que debe ser mencionada en la demanda, junto con la indicación del sitio web correspondiente.

En consecuencia, la indicación de la norma violada y el concepto de violación no es un requisito universal para todos los tipos de demandas. Por lo tanto, en casos como la reparación directa, no es necesario invocar estos elementos, mientras que, en demandas de nulidad o nulidad y restablecimiento del derecho, controversias contractuales o grupales, en las que se impugna un acto administrativo, es obligatorio incluir este apartado.

Sexto: Las pruebas que se pretendan presentar. Dado que, como es habitual, el respaldo probatorio es fundamental para el éxito de las pretensiones, la demanda se convierte en el primer escenario para solicitar y aportar pruebas. Este proceso debe cumplir con las exigencias procesales específicas para cada medio de prueba. Por lo tanto, no es suficiente simplemente enunciar, solicitar o presentar las pruebas que se pretenden hacer valer; es crucial realizar estas acciones con el rigor técnico necesario. Es por esta razón que en casos que suelen ser más complejos desde el punto de vista probatorio, se exige la intervención de un abogado.

Séptimo: la estimación razonada de la cuantía cuando sea necesaria para determinar la competencia judicial. En el ámbito contencioso-administrativo, la estimación razonada de la cuantía tiene un propósito específico: determinar la competencia del juez. Esta estimación no afecta el procedimiento, no limita el monto de la condena y no se rige por los objetivos establecidos para la figura del juramento estimatorio.

La estimación razonada de la cuantía debe llevarse a cabo de acuerdo con lo dispuesto en el artículo 157 del CPACA, modificado por el artículo 32 de la Ley 2080 de 2021. Este artículo establece claramente algunas pautas para su determinación.

Octavo: El lugar y dirección para notificaciones personales a las partes y al apoderado de quien demanda, indicando el canal digital. Resulta lógico y necesario establecer la obligación de proporcionar información detallada para las notificaciones a las partes y al apoderado de quien demanda, si lo hubiere. Asimismo, se requiere expresar claramente el canal digital designado para dicho propósito. Esta exigencia se justifica plenamente en el contexto actual, donde la interacción procesal se desarrolla principalmente mediante el uso de tecnologías de la información, y este medio no se limita exclusivamente a las direcciones de correo electrónico. El concepto de canal digital abarca una gama más amplia que la dirección electrónica originalmente establecida por la ley. En casos en los que no se conozca el canal digital de la parte demandada, se deberá acreditar el envío físico de la demanda junto con sus anexos al demandado.

Noveno: Al presentar la demanda, el demandante deberá enviar simultáneamente por medio electrónico copia de la misma y de sus anexos a los demandados, a menos que se soliciten medidas cautelares previas o se desconozca el lugar donde el demandado recibirá notificaciones[272]. Este procedimiento también debe ser seguido por el demandante al presentar el escrito de subsanación en caso de que la demanda sea inadmitida.

Esta obligación, más que constituir un requisito formal de la demanda, se presenta como una carga procesal para el demandante, cuyo incumplimiento puede acarrear el efecto legal

---

[272] Consejo de Estado. Sala de lo Contencioso Administrativo. Sección Quinta. MP: Luís Alberto Álvarez Parra. Auto del 23 de mayo de 2022. Radicación: 1001-03-28-000-2022-00080-00.

de la inadmisión de la demanda, conforme lo establece expresamente la ley.

Además de los requisitos formales de la demanda, existen anexos que deben acompañarla según lo dispuesto en el artículo 166 del CPACA. Estos anexos son elementos necesarios para acreditar el cumplimiento de presupuestos procesales, como la acreditación del pago en la pretensión autónoma de repetición, la constancia de publicación, comunicación o notificación del acto cuya nulidad se pretende, que sirve para tener certeza sobre el inicio del cómputo del término para la presentación oportuna de la demanda, o el presupuesto procesal de la capacidad, para lo cual se debe adjuntar el documento que acredite el carácter con el que el actor se presenta al proceso cuando tiene la representación de otra persona, o cuando el derecho que reclama proviene de haberlo otro transmitido a cualquier título, así como la prueba de la existencia y la representación legal de las personas jurídicas cuando sea del caso.

También tienen como propósito acreditar exigencias encaminadas a verificar los fundamentos de la reclamación, como la remisión del acto administrativo cuya nulidad se pretende o la acreditación de la configuración del silencio administrativo. Los documentos y pruebas anticipadas que se pretendan hacer valer y que estén en poder del demandante, así como los dictámenes periciales necesarios para probar su derecho, son igualmente anexos relevantes.

Respecto a las copias de la demanda y de sus anexos para la notificación a las partes y al Ministerio Público, cabe destacar que, en la nueva dinámica del proceso por medios digitales, esta exigencia puede considerarse redundante, dado que los documentos suelen aportarse en formato digital y corresponde al demandante cumplir la carga de remitirlos al despacho y a la contraparte de forma simultánea.

3.7. EL JUEZ COMPETENTE

La competencia del juez constituye uno de los presupuestos fundamentales en la garantía del correcto inicio del proceso jurisdiccional[273], asegurando así el debido proceso y el principio de legalidad. Esta exigencia implica que solo la Constitución o la ley tienen la facultad de definir la competencia judicial para resolver conflictos, y dicha determinación debe estar establecida con antelación a la resolución de los mismos.

Con el objetivo de cumplir con este postulado constitucional, la normativa ha establecido diversos factores que inciden en la competencia judicial. Estos incluyen el factor objetivo, vinculado a la naturaleza del asunto o la cuantía de las pretensiones[274]; el factor subjetivo, referente a la calidad de las partes involucradas en el proceso; el factor territorial[275], determinado por el ámbito espacial en el cual se ejerce la competencia del juez, considerando criterios como el domicilio de las partes, el lugar de expedición del acto y la naturaleza de la entidad que lo emite o donde ocurrieron los hechos; el factor funcional, relacionado con la naturaleza de la función desempeñada por quien debe decidir el asunto y que suele guardar relación con la regla de la doble instancia; y el factor de conexidad[276], que se refiere a situaciones en las cuales se atraen casos litigiosos que, en principio, podrían corresponder a otra autoridad judicial. No obstante, debido a su conexión con los asuntos propios del

---

273 ROJAS LÓPEZ. Óp. Cit., p.113.

274 Ley 1437 de 2011, artículo 157.

275 El artículo 156 del CPACA determina la competencia por razón del territorio, estableciendo las reglas en consideración al medio de control, naturaleza de la controversia o tipo de acto del que se trate.

276 Consejo de Estado. Sala de lo Contencioso Administrativo. Sección Segunda. M. P. Gabriel Valbuena Hernández. Auto del 7 de diciembre de 2021. Radicación: 11001-03-25-000-2019 00010-00 (0071-2019)

ámbito de la Jurisdicción Contenciosa Administrativa, son dirigidos hacia esta última para su conocimiento y resolución. Este factor encuentra su justificación en el principio de economía procesal, permitiendo la acumulación de pretensiones y la consolidación de diferentes procesos[277]. De manera concreta este presupuesto procesal se desarrolla en los artículos 111, 149, 149A, 150, 151, 152, 153, 154, 155, 156 y 157 del CPACA, disposiciones que establecen las reglas relativas a la competencia judicial.

3.8. LA RENUENCIA

El artículo 8.º de la Ley 393 de 1997, que desarrolla el artículo 87 de la Constitución Política, establece que la denominada "acción de cumplimiento" será procedente frente a cualquier acción u omisión de la autoridad que incumpla o ejecute actos que permitan deducir el inminente incumplimiento de normas con fuerza de ley o actos administrativos. Asimismo, dicho medio de control será procedente contra las acciones u omisiones de los particulares, de acuerdo con lo dispuesto en la mencionada ley[278]. No obstante, la mencionada ley ha establecido un requisito procesal crucial para la viabilidad de este medio de control judicial, conocido como la constitución de la renuencia, requisito al que también alude el numeral 3.º del artículo 161 del CPACA.

En este sentido, se dispone que, para constituir la renuencia, es necesario que el interesado haya formulado previamente la reclamación del cumplimiento del deber legal o administrativo,

---

277 Consejo de Estado. Sala de lo Contencioso Administrativo. Sección Segunda. MP: Rafael Francisco Suárez. Auto del 8 de abril de 2021. Radicación: 11001-03-25-000-2020-00992-00(3029-20).

278 ROJAS LÓPEZ. Óp. Cit., p. 221.

y que la autoridad se haya ratificado en su incumplimiento o no haya respondido en un plazo de diez (10) días posteriores a la presentación de la solicitud. Excepcionalmente, se podrá prescindir de este requisito cuando su estricto cumplimiento pueda ocasionar un inminente peligro de sufrir un perjuicio irremediable, circunstancia que deberá ser debidamente fundamentada en la demanda.

Ahora bien, una vez identificado el presupuesto procesal, resulta crucial determinar cómo cumplir y respaldar ante el juez competente dicho requisito, dado que la judicatura ha demostrado ser rigurosa en la observancia de esta exigencia legal.

En este contexto, el Consejo de Estado ha sostenido que la solicitud para la configuración de la renuencia posee una naturaleza específica, claramente diferenciada del simple ejercicio del derecho de petición en interés particular o general[279]. Esto implica que esta figura está sujeta a reglas particulares.

Estas reglas comprenden: el propósito, que es la constitución de la renuencia; el objeto, que implica reclamar el cumplimiento del deber legal o administrativo, incluyendo la indicación de la norma incumplida y la acción u omisión que origina dicho incumplimiento

Asimismo, se ha resaltado la necesidad de distinguir entre la respuesta desfavorable de la Administración a una petición en interés particular y la renuencia, que tiene como objetivo allanar el camino para el medio de control encaminado a exigir el cumplimiento normativo.

La solicitud destinada a cumplir con este requisito debe abordar los siguientes elementos: i) la exigencia de cumplimiento de

279 Consejo de Estado. Sala de lo Contencioso Administrativo. Sección Primera. M. P. Libardo Rodríguez. Auto del 4 de marzo de 1999. ACU-620.

una norma con fuerza material de ley o de un acto administrativo; ii) la identificación precisa de la disposición que establece la obligación; y iii) la presentación de una explicación fundamentada sobre el incumplimiento.

Por otra parte, según lo establecido en el inciso segundo del artículo 8° de la Ley 393 de 1997, la renuencia puede configurarse de manera tácita o expresa. Esto ocurre cuando el destinatario del deber omitido ratifica expresamente el incumplimiento o, si transcurridos 10 días después de la presentación de la solicitud, guarda silencio con respecto a la aplicación de la norma. En este último caso, se entenderá que ha tenido lugar la ratificación tácita, cumpliendo así con el presupuesto procesal necesario para la constitución de la renuencia en términos legales.

En resumen, para satisfacer este requisito, la solicitud de constitución de la renuencia debe estar claramente delimitada en su objeto, evitando confusiones con peticiones en interés particular o general. Debe detallar no solo la norma que presuntamente está siendo incumplida, sino también explicar las razones que respaldan dicha afirmación. Además, se debe requerir a la autoridad destinataria de la solicitud que cumpla con la norma o se ratifique en su incumplimiento.

3.9. LA RECLAMACIÓN PREVIA

La Ley 1437 de 2011, a través de sus artículos 144 y 161 numeral 4.°, introdujo un nuevo requisito procesal para presentar demandas ante la jurisdicción de lo contencioso administrativo, especialmente aplicable cuando se busca la protección de derechos e intereses colectivos. Este nuevo requisito surge de la obligación legal de que, previo a interponer la demanda para la defensa de tales derechos e intereses, el demandante debe solicitar a la autoridad o al particular en ejercicio de funciones administrativas que adopte las medidas necesarias para proteger el derecho o interés colectivo amenazado o vulnerado[280].

En caso de que la autoridad no atienda dicha solicitud en un plazo de quince (15) días a partir de su presentación, o se niegue a hacerlo, el demandante tiene el derecho de acudir al juez competente para presentar la respectiva demanda.

La normativa también establece que solo de manera excepcional se podrá prescindir de este requisito, y esto ocurrirá cuando exista un inminente peligro de ocasionar un perjuicio irremediable en contra de los derechos e intereses colectivos. En tal situación, la argumentación y sustentación de esta excepción deben ser detalladas y presentadas en la demanda[281]. Se observa que este requisito guarda similitudes con el de la renuencia exigida para el uso del mecanismo judicial orientado a exigir el cumplimiento de normas jurídicas.

3.10. EL PAGO PREVIO

El numeral 5° del artículo 161 del CPACA establece que, para que el Estado pueda recuperar los pagos relacionados con condenas, conciliaciones u otras formas de resolución de conflictos, es necesario que haya realizado previamente dichos pagos. Sin este requisito, la repetición no sería posible, ya que podría dar lugar a un enriquecimiento sin causa por parte de la administración. Es importante señalar que esta exigencia se aplica únicamente cuando se presenta el medio de control de repetición y no cuando se invoca la figura del llamamiento en garantía con fines de repetición[282].

---

280 ROJAS LÓPEZ. Óp. Cit., p.225.

281 Ley 1437 de 2011, artículo 144.

282 ROJAS LÓPEZ. Óp. Cit., p.227.

Sin embargo, si la razón por la cual el Estado no puede iniciar el medio de control de repetición sin haber cumplido con la obligación de pago está relacionada con el argumento mencionado, entonces se debería aplicar el mismo principio en el caso de la ejecución de una sentencia que involucra un llamamiento en garantía con fines de repetición. En este contexto, la ejecución de la sentencia debería estar condicionada al pago previo por parte de la entidad estatal frente al tercero, evitando así la posibilidad de que la entidad no cumpla con la sentencia condenatoria a su cargo, pero opte por ejecutar la decisión de condena contra el agente llamado en garantía con fines de repetición, lo que constituiría un enriquecimiento sin causa para la administración.

Es fundamental destacar que la carga de la prueba del pago recae en la entidad pública demandante para respaldar su pretensión de repetición. Esta prueba debe cumplir estrictamente con las formalidades requeridas para su adecuada acreditación en el proceso. El incumplimiento de esta exigencia podría resultar en la negación de las solicitudes de la demanda y eximir al juez de analizar la responsabilidad del servidor público demandado.

Antes de la Ley 1437 de 2011, el Consejo de Estado sostenía que la acreditación del pago requería la presentación del documento original que demostrara el cumplimiento de la obligación[283]. La certificación expedida por la entidad no era medio de prueba suficiente. Sin embargo, con la entrada en vigor del CPACA, el artículo 142, inciso 3º, simplificó el proceso al establecer que el certificado del pagador, tesorero o servidor público sería prueba suficiente para iniciar el proceso de repetición.

---

283 Consejo de Estado. Sala de lo Contencioso Administrativo. Sección Tercera. M. P. Mauricio Fajardo Gómez. Sentencia del 8 de julio de 2009. Radicación: 11001-03-26-000-2002-00006-01 (22120).

Es importante señalar que el demandado en repetición tiene la carga probatoria de cuestionar la veracidad de la certificación, y, por ende, la validez del título habilitante para la repetición. Además, se destaca que el concepto de pago no se limita a un pago total, permitiendo la repetición incluso por pagos parciales. Esto facilita la protección del patrimonio del Estado y la búsqueda de una reparación adecuada, evitando que la caducidad obstaculice el intento de reducir el daño patrimonial al Estado en casos donde se haya pagado parcialmente una obligación[284].

3.11. RESPUESTA DEL CONSEJO DE EVALUACIÓN DE LAS REACCIONES ADVERSAS A LAS VACUNAS CONTRA LA COVID-19

La pandemia derivada del virus covid-19 generó la promulgación de una extensa normativa destinada a abordar diversos aspectos, siendo uno de los más significativos el relacionado con el proceso de inmunización de la población. En este contexto, se emitió la Ley 2064 del 9 de diciembre de 2020, cuyo propósito fue declarar de interés general la estrategia de inmunización contra el covid-19 en la población colombiana, además de establecer medidas administrativas y tributarias para financiar y gestionar los asuntos vinculados a la inmunización contra dicho virus y otras pandemias[285].

En el artículo 4º de dicha ley, se instituyó el Consejo de Evaluación de las reacciones adversas a la vacuna contra la covid-19, como parte del Instituto de Evaluación de Tecnologías en Salud –IETS–, encargado de evaluar las posibles relaciones

---

284 Claramente la repetición en estos casos solo podrá referirse a lo que efectivamente se pagó.

285 ROJAS LÓPEZ. Óp. Cit., p. 235.

causales entre los eventos adversos sufridos por los habitantes del territorio nacional y la administración de la vacuna contra la covid-19 por parte del Estado colombiano[286].

En consonancia, el artículo 6° estableció que la jurisdicción competente para conocer de los procesos iniciados por particulares que buscan debatir y compensar los daños causados por las vacunas contra la covid-19 suministradas por el Estado colombiano es la jurisdicción contencioso-administrativa. Este artículo también estableció como requisito previo para recurrir a la jurisdicción haber agotado la vía contemplada en el artículo cuarto de la ley, así como contar con la respuesta del Consejo de Evaluación de las reacciones adversas a las vacunas contra la covid-19. Este requisito también deberá ser cumplido al agotar el presupuesto procesal de la conciliación extrajudicial, previa presentación de la demanda de reparación directa.

Esta normativa fue reglamentada mediante el Decreto 601 de 2021, donde se especifica que los pronunciamientos del Consejo de Evaluación covid-19 tienen la naturaleza de conceptos técnicos especializados sobre la probabilidad de que, en casos específicos que le sean presentados, exista un nexo causal entre la aplicación de una vacuna contra el covid-19 (con autorización sanitaria de uso de emergencia o aprobación especial transitoria adquirida y distribuida por el Estado colombiano) y un evento adverso posterior a la vacunación[287].

En cualquier situación, es crucial entender que la función del Consejo de Evaluación y su respectivo concepto técnico no consiste en sustituir la labor del juez de lo contencioso-administrativo en lo que respecta a determinar, basándose en las pruebas presentadas, la presencia o ausencia de un nexo causal. La elaboración del juicio de imputación es responsabilidad

---

[286] Ley 2064 de 2020, artículo 4°.

[287] Decreto 601 de 2021, artículo 20.

exclusiva del juez, quien debe utilizar como referencia todo el material probatorio que se haya incorporado al proceso. Por lo tanto, la evaluación realizada por el Consejo de Evaluación de reacciones adversas a las vacunas contra el covid-19 es un requisito procesal, pero no implica una definición anticipada del caso, ya que esto estará sujeto al debate probatorio y a la evaluación racional de las pruebas por parte del juez.

3.12. LA REVISIÓN PREVIA EN MATERIA ELECTORAL

Este requisito o presupuesto procesal encuentra su fundamento en el Acto Legislativo 01 de 2009, que modificó el numeral 7.º del artículo 237 de la Constitución Política relacionado con las atribuciones del Consejo de Estado. Según dicha norma, para ejercer el contencioso electoral ante la Jurisdicción Administrativa contra el acto de elección de carácter popular cuando la demanda se fundamente en causales de nulidad por irregularidades en el proceso de votación y en el escrutinio, es requisito de procedibilidad someterlas, antes de la declaratoria de elección, a examen de la autoridad administrativa correspondiente, que encabeza el Consejo Nacional Electoral[288].

Esta exigencia constitucional, en vigor desde 2009, fue replicada en la Ley 1437 de 2011, artículo 161, numeral 6.º, que señaló, que

> cuando se invoquen como causales de nulidad del acto de elección por voto popular aquellas contenidas en los numerales 3 y 4 del artículo 275 de este Código, es requisito de procedibilidad haber sido sometido por cualquier persona antes de la declaratoria de la elección a examen de la autoridad administrativa electoral correspondiente.

---

288 ROJAS LÓPEZ. Óp. Cit., p. 233.

No obstante, mediante la Sentencia C-283 de 2017, la Corte Constitucional declaró la inexequibilidad de este numeral. La razón se basó en que, aunque el legislador tenía la competencia para establecer este requisito de procedibilidad, dicha regulación debía hacerse a través de una ley estatutaria, al tratarse de un tema relacionado con la función electoral. Además, la configuración normativa de las condiciones para cumplir con esta carga procesal extrajudicial debía ser objetiva y clara para los justiciables. La Corte argumentó que no se había dado la oportunidad claramente establecida para cumplir adecuadamente este requisito previo para demandar la nulidad de la elección[289].

Esta decisión implica que, a pesar de su origen constitucional, en la actualidad no se puede exigir este presupuesto procesal, debido a la falta del desarrollo legal correspondiente.

---

289 Corte Constitucional. Sala Plena. M. P. Alejandro Linares Cantillo. Sentencia del 3 de mayo de 2017. Sentencia C-283 de 2017.

Capítulo 4

El proceso contencioso-administrativo

4.1. INTRODUCCIÓN

El estudio del proceso jurisdiccional en el ámbito contencioso administrativo colombiano no puede limitarse a la evaluación de un único procedimiento judicial. Esto se debe a que el proceso contencioso administrativo se manifiesta en una diversidad de procedimientos judiciales, todos los cuales deben ser coherentes con el principio fundamental establecido en el artículo 103 del CPACA. Según dicho artículo, los procesos llevados a cabo ante la jurisdicción de lo contencioso-administrativo tienen como objeto asegurar la efectividad de los derechos reconocidos en la Constitución Política y la ley, así como la preservación del orden jurídico. En consecuencia, es imperativo cumplir con la observancia de los principios constitucionales y del derecho procesal.

4.2. PROCEDIMIENTO CONTENCIOSO-ADMINISTRATIVO GENERAL

Denominaremos como "procedimiento contencioso-administrativo general" a aquel establecido para llevar a cabo y resolver todos los litigios para los cuales el CPACA u otras leyes no establezcan un trámite o procedimiento especial[290]. Es relevante

---

[290] Ley 1437 de 2011, artículo 179.

destacar que mediante estas normas procedimentales se gestionarán numerosos medios de control, como es el caso, por ejemplo, de la simple nulidad, nulidad con restablecimiento del derecho, reparación directa, controversias contractuales y repetición.

Conforme al artículo 179 del CPACA, el procedimiento, ya sea en primera instancia o única instancia, comprenderá, en principio[291], tres etapas claramente definidas. La primera de ellas se extiende desde la presentación de la demanda hasta la celebración de la audiencia inicial. La segunda abarca desde la conclusión de dicha audiencia hasta la finalización de la audiencia de pruebas. La tercera fase transcurre desde la conclusión de la audiencia mencionada hasta la notificación de la sentencia de primera o única instancia. Comencemos por analizar cada una de dichas etapas, haciendo hincapié en las posibilidades procesales que se pueden presentar en ellas.

4.2.1. Fase inicial del procedimiento contencioso-administrativo general

Una vez presentada la demanda de acuerdo con las normativas pertinentes y utilizando las herramientas tecnológicas designadas, como el aplicativo SAMAI, se llevan a cabo dos tareas de especial relevancia: la radicación y el reparto. Estas acciones asignan un número de identificación al expediente compuesto por 23 dígitos y determinan el despacho responsable de dar trámite al procedimiento judicial.

El despacho designado procederá con el estudio de admisibilidad, cuya finalidad es verificar el cumplimiento de los

---

291 Dado que se pueden presentar vicisitudes que pueden modificar ese orden, como por ejemplo sucede cuando se cumplen las condiciones para dictar sentencia anticipada.

requisitos necesarios para admitir la demanda. Esto implica la evaluación de los presupuestos procesales, el cumplimiento de los requisitos formales de la demanda y las obligaciones asignadas por ley a la parte demandante[292].

En esta fase del procedimiento, diversas situaciones pueden surgir. Por ejemplo, podría determinarse la falta de jurisdicción o competencia. En tal caso, el juez, a través de una decisión debidamente fundamentada, ordenará remitir el expediente al órgano jurisdiccional competente en el menor tiempo posible. Es importante destacar que, en esta circunstancia, se considerará válida la presentación inicial de la demanda realizada ante la corporación o juzgado que dispone la remisión, con todos los efectos legales correspondientes[293].

Asimismo, es posible que el despacho determine la existencia de una causal que justifica el rechazo *in limine* de la demanda, como ocurre cuando se constata la caducidad del término para plantear la pretensión. También puede fundamentarse en que el asunto no sea susceptible de control jurisdiccional[294], como, por ejemplo, sucede cuando se demanda ante la jurisdicción contenciosa un artículo de una ley[295] o, incluso, por el incumplimiento del requisito de procedibilidad de la conciliación extrajudicial en situaciones en las que esta condición es exigida[296].

La inadmisión de la demanda constituye otra posibilidad que surge cuando esta carece de los requisitos establecidos por

---

[292] Como ocurre con la obligación de remitir la demanda con sus anexos de manera simultánea a la parte demandada.

[293] Ley 1437 de 2011, artículo 168.

[294] Ley 1437 de 2011, artículo 169.

[295] Consejo de Estado. Sala de lo Contencioso Administrativo. Sección Primera. M. P. Roberto Augusto Serrato. Auto del 3 de agosto de 2021. Radicación: 11001-03-24-000-2021-00210-00A.

[296] Ley 2220 de 2022, artículo 92.

la ley. En tal caso, el juez señalará los defectos para que el demandante los corrija en un plazo legal de diez días, bajo la amenaza de que, de no hacerlo, la demanda será rechazada[297].

En contraste, si el despacho determina que se han cumplido los presupuestos procesales, los requisitos formales de la demanda y las obligaciones procesales asignadas al demandante, procederá a su admisión[298].

Es importante señalar que la Ley 1437 de 2011 no fijó un plazo específico que permita determinar el lapso transcurrido desde la presentación de la demanda hasta su admisión. Esta circunstancia implica que este aspecto queda sujeto a variables extraprocesales, tales como la congestión judicial o la velocidad de actuación de los despachos judiciales.

El auto admisorio de la demanda desempeña una función de gran relevancia en términos de publicidad de la decisión. En esta providencia, se ordena la notificación personal a la parte demandada, al Ministerio Público y a aquellos individuos que, de acuerdo con la demanda o las actuaciones cuestionadas, tengan un interés directo en el resultado del proceso.

En casos en los que se demande la nulidad de un acto administrativo que pueda afectar a la comunidad, se debe ordenar que se informe sobre la existencia del proceso a través del sitio web de la Jurisdicción de lo Contencioso-Administrativo. Esto se realiza sin perjuicio de que el juez, en caso de considerarlo necesario, disponga simultáneamente la divulgación a través de otros medios de comunicación, teniendo en cuenta el alcance o ámbito de aplicación del acto objeto de la demanda[299].

---

297 Ley 1437 de 2011, artículo 170 y numeral 2º del artículo 169.

298 Ley 1437 de 2011, artículo 171.

299 Ley 1437 de 2011, artículo 171.

Una vez admitida la demanda, es imperativo proceder con el acto de notificación, el cual se llevará a cabo mediante anotación en estados para el demandante, y de manera personal para el demandado, el Ministerio Público y otros interesados potenciales en el proceso. En este contexto, resultan fundamentales los artículos 197 y 198 del CPACA, los cuales estipulan la obligación de las entidades públicas de todos los niveles, así como de las entidades privadas que desempeñen funciones públicas y el Ministerio Público que actúe ante la jurisdicción contenciosa administrativa, de contar con un buzón de correo electrónico exclusivo para recibir notificaciones judiciales, las cuales serán consideradas como notificaciones personales[300].

En concordancia con lo anterior, tanto el auto admisorio de la demanda como el mandamiento ejecutivo se notificarán mediante mensajes dirigidos a dicho buzón electrónico. En cuanto a los particulares, la notificación del auto admisorio de la demanda se realizará a través del canal digital indicado en la propia demanda. Aquellos inscritos en el registro mercantil u otros registros públicos obligatorios creados legalmente para recibir notificaciones judiciales serán notificados en el canal especificado para tales fines[301].

El mensaje de notificación deberá identificar claramente la providencia que se notifica e incluir una copia electrónica de

---

300 Es de advertir que es procedente el retiro de la demanda, siempre y cuando el auto admisorio no se haya notificado al demandado o al Ministerio público.

301 De igual forma es relevante lo dispuesto en el inciso final del artículo 199 del CPACA, que señala que en los procesos que se tramiten ante cualquier jurisdicción en donde estén involucrados intereses litigiosos de la Nación, en los términos del artículo 2° del Decreto Ley 4085 de 2011 o la norma que lo sustituya, deberá remitirse copia electrónica del auto admisorio o mandamiento ejecutivo, en conjunto con la demanda y sus anexos, al buzón de correo electrónico de la Agencia Nacional de Defensa Jurídica del Estado.

la misma. En el caso del Ministerio Público, se adjuntará una copia de la demanda y sus anexos. Indica la ley que se presumirá que el destinatario ha recibido la notificación una vez que el iniciador reciba un acuse de recibo o cuando se pueda constatar de otra manera el acceso del destinatario al mensaje electrónico. Este hecho será debidamente registrado por el secretario en el expediente.

Es crucial destacar que la responsabilidad de llevar a cabo la notificación personal del auto admisorio de la demanda recae en el despacho, según lo establecido de manera explícita en el artículo 205 del CPACA, asignando esta función a su secretario. Esta asignación es fundamental para asegurar la certeza en relación con el inicio del cómputo de los plazos correspondientes al traslado de la demanda, contados a partir de la notificación adecuada. La notificación se considerará efectuada después de transcurrir dos (2) días hábiles desde el envío del mensaje de datos, y los términos comenzarán a correr a partir del día siguiente a dicha notificación. Este procedimiento garantiza una gestión transparente y precisa de los términos procesales.

Asimismo, en relación con las personas de derecho privado que carezcan de un canal digital o cuyo medio digital no sea conocido, se procederá a notificar de manera personal, conforme a las disposiciones contempladas en el artículo 291 del Código General del Proceso.

Una vez efectuada la notificación de manera adecuada, se iniciará el cómputo del término de 30 días hábiles correspondiente al traslado de la demanda[302]. Durante este periodo se

---

[302] Es importante anotar que el traslado o los términos que conceda el auto notificado solo se empezarán a contabilizar a los dos (2) días hábiles siguientes al del envío del mensaje y el término respectivo empezará a correr a partir del día siguiente.

tendrá la oportunidad para responder a la demanda, plantear excepciones[303], solicitar pruebas, realizar llamamiento en garantía, y en su caso, presentar una demanda de reconvención[304]. También es posible que se presente el allanamiento por parte del demandado[305]. Si se proponen excepciones habrá de distinguirse si corresponde a excepciones previas o de mérito, dado que sus efectos, y lo más importante, el procedimiento a seguir es diferente. Al respecto señala el artículo 175 del CPACA, modificado por la Ley 2080 de 2021, que

> *de las excepciones presentadas se correrá traslado en la forma prevista en el artículo 201 A, por el término de tres (3) días. En este término, la parte demandante podrá pronunciarse sobre las excepciones previas y, si fuere el caso, subsanar los defectos anotados en ellas. En relación con las demás excepciones podrá también solicitar pruebas.*
>
> *Las excepciones previas se formularán y decidirán según lo regulado en los artículos 100, 101 Y 102 del Código General del Proceso. Cuando se requiera la práctica de pruebas a que se refiere el inciso segundo del artículo 101 del citado código, el juez o magistrado ponente las decretará en el auto que cita a la audiencia inicial, y en el curso de esta las practicará. Allí mismo, resolverá las excepciones previas que requirieron pruebas y estén pendientes de decisión.*
>
> *Antes de la audiencia inicial, en la misma oportunidad para decidir las excepciones previas, se declarará la terminación del proceso cuando se advierta el incumplimiento de requisitos de procedibilidad.*

---

303 Cuyo traslado podría darse dando aplicación a lo previsto en el artículo 201 A, que dispone que, cuando una parte acredite haber enviado un escrito del cual deba correrse traslado a los demás sujetos procesales, mediante la remisión de la copia por un canal digital, se prescindirá del traslado por secretaría, el cual se entenderá realizado a los dos (2) días hábiles siguientes al del envío del mensaje y el término respectivo empezará a correr a partir del día siguiente.

304 Ley 1437 de 2011, artículo 172.

305 Ley 1437 de 2011, artículo 176.

> *Las excepciones de cosa juzgada, caducidad, transacción, conciliación, falta manifiesta de legitimación en la causa y prescripción extintiva, se declararán fundadas mediante sentencia anticipada, en los términos previstos en el numeral tercero del artículo 182 A.*

Si se realiza un llamamiento en garantía, deberá esperarse el pronunciamiento del despacho respecto de la solicitud. En ese sentido, si se admite, se deberá proceder con la notificación personal al llamado en garantía para que proceda a responder el llamamiento dentro de los 15 días hábiles posteriores a su notificación, al tenor de lo dispuesto en el artículo 225 del CPACA.

En el caso de que el demandado interponga una demanda de reconvención y esta sea admitida, se llevará a cabo la notificación correspondiente por anotación en estado. Además, se otorgará el término de traslado para la demanda de reconvención, el cual será igual al establecido para el traslado de la demanda inicial, es decir, de 30 días. Este período permitirá al demandado en reconvención ejercer su derecho de contradicción de acuerdo con la norma pertinente[306]. A partir de ese momento, ambas demandas serán tramitadas de manera conjunta y se resolverán en una misma sentencia.

El término del traslado de la demanda adquiere importancia adicional al determinar hasta cuándo el demandante tiene la facultad de reformar la demanda. En este sentido, el demandante conserva dicha posibilidad hasta los diez (10) días siguientes al vencimiento del término del traslado de la demanda, aunque cabe destacar que esta acción por parte del demandante puede llevarse a cabo incluso antes de ese momento[307].

---

[306] Ley 1437 de 2011, artículo 177.

[307] Ley 1437 de 2011, artículo 173.

De la admisión de la reforma se correrá traslado mediante notificación por estado y por la mitad del término inicial. Sin embargo, si se llama a nuevas personas al proceso, de la admisión de la demanda y de su reforma se les notificará personalmente y se les correrá traslado por el término inicial de 30 días.

El término del traslado de la demanda también adquiere relevancia al determinar la oportunidad procesal para que los coadyuvantes en los procesos de simple nulidad formulen nuevos cargos o soliciten la extensión de la anulación a otras disposiciones del mismo acto. En el caso de admitirse la coadyuvancia, y tras la notificación correspondiente por estados, se otorgarán los mismos términos de traslado establecidos para la reforma de la demanda principal[308].

Una vez definidas las situaciones relacionadas con la reforma de la demanda, los llamamientos en garantía, la demanda de reconvención, la intervención de litisconsortes y otros terceros, la actuación procesal continuará su curso a través de las siguientes etapas.

4.2.2. Decisión de excepciones previas cuando fuere del caso

La decisión de excepciones previas se llevará a cabo mediante un auto expedido antes de la celebración de la audiencia inicial, siempre que no sea necesario practicar pruebas. En este mismo momento, se declarará la terminación del proceso en caso de incumplimiento de los requisitos de procedibilidad[309].

Es importante recordar que las excepciones previas están detalladas en el artículo 100 de la Ley 1564 de 2012. Respecto a su presentación y trámite, se aplicarán las disposiciones establecidas en el parágrafo 2° del artículo 175, así como en el

---

308 Ley 1437 de 2011, artículo 223.

309 Ley 1437 de 2011, artículo 175.

artículo 201A del CPACA, y las previsiones del artículo 101 de la Ley 1564 de 2012. Cabe destacar que el éxito de una excepción previa no siempre conduce a la terminación del proceso, ya que el efecto está directamente relacionado con el tipo de excepción presentada.

Por ejemplo, si se formula la excepción previa de falta de jurisdicción o competencia, el juez ordenará remitir el expediente al tribunal correspondiente. Si prospera la excepción de haberse dado a la demanda el trámite de un proceso diferente al que corresponde, el juez ordenará seguir el procedimiento legal adecuado. Del mismo modo, si se concede alguna de las excepciones previstas en los numerales 9, 10 y 11 del artículo 100 de la Ley 1564 de 2012, el juez ordenará la citación correspondiente a las personas que debieron ser convocadas.

Además, si el demandante corrige los defectos señalados en las excepciones previas al reformar la demanda, se reconocerá esa corrección. Asimismo, si el demandante subsana estos defectos durante el término de traslado de la excepción previa, esta corrección se reflejará en la decisión sobre las excepciones. En caso de que la resolución de las excepciones previas requiera la práctica de pruebas, estas se decretarán en el auto de citación a la audiencia inicial y se llevarán a cabo en dicha audiencia.

4.2.3. Sentencia anticipada

Otra eventualidad que puede surgir en el desarrollo de un proceso judicial es la posibilidad de emitir una sentencia anticipada, la cual se materializará cuando se cumplan de manera estricta las condiciones establecidas en el artículo 182A del CPACA.

Según dicha normativa, la sentencia anticipada puede ser dictada antes de la audiencia inicial en casos que involucren cuestiones de puro derecho, donde no sea necesario practicar pruebas, cuando únicamente se solicite considerar como pruebas los documentos presentados con la demanda y la contestación, y no se haya planteado tacha o desconocimiento sobre ellos. Asimismo, procederá cuando las pruebas solicitadas por las partes sean consideradas impertinentes, inconducentes o inútiles. A pesar de cumplir con estos requisitos, la ley otorga al juez la facultad de llevar a cabo la audiencia inicial si así lo considera necesario[310].

La sentencia anticipada debe ir precedida por la oportunidad de presentar los alegatos de conclusión correspondientes y será emitida por escrito. La legislación también establece que la sentencia anticipada puede ser proferida en cualquier etapa del proceso si ambas partes o sus representantes legales así lo solicitan de común acuerdo, si el juez constata la existencia de cosa juzgada, caducidad, transacción, conciliación, falta manifiesta de legitimación en la causa, prescripción extintiva, o en casos de allanamiento o transacción.

En todos los casos, se debe garantizar el derecho al traslado para alegar como condición previa para emitir la sentencia correspondiente, de acuerdo con lo establecido en el artículo 182A del CPACA. No obstante, después de escuchar los alegatos, se puede reconsiderar la decisión de dictar una sentencia anticipada. En este escenario, el proceso continuará su trámite regular.

4.2.4. Convocatoria a audiencia inicial

En situaciones en las cuales el juzgador no haya encontrado fundamentos para concluir el proceso mediante la prosperidad de una excepción previa que no demande la práctica de pruebas, o haya identificado una base para emitir una sentencia

---

310 Ley 1437 de 2011, artículo 182A.

anticipada, procederá a convocar la audiencia inicial a través de un auto notificado por estados, el cual no estará sujeto a recursos, según lo estipulado en el artículo 180 del CPACA.

En dicha audiencia, todos los apoderados deberán asistir obligatoriamente, so pena de una multa. Durante su desarrollo se tomarán decisiones de gran importancia, destacándose la labor de saneamiento del proceso respecto de los vicios presentados hasta ese momento. Se adoptarán decisiones apropiadas para evitar decisiones inhibitorias, resolver las excepciones previas pendientes, fijar el litigio, tomar decisiones sobre medidas cautelares que no hayan sido decididas previamente y decretar la práctica de pruebas. Asimismo, se contempla la posibilidad de abrir la instancia para llevar a cabo una conciliación judicial durante la audiencia inicial. De igual forma, en la audiencia inicial se fijará fecha y hora para la celebración de la audiencia de pruebas[311].

4.2.5. Audiencia de pruebas

La audiencia de pruebas constituye el espacio designado para llevar a cabo la práctica probatoria, conforme a la decisión adoptada durante la audiencia inicial. En este escenario, se practican las pruebas en una única audiencia, aunque su ejecución pueda extenderse a lo largo de varios días, dependiendo de la disponibilidad y la gestión de la agenda de los despachos judiciales. Esta audiencia podrá suspenderse cuando sea necesario dar traslado de la prueba, de su objeción o de su tacha, o a discreción del juez, considerando la complejidad del asunto

En todo caso, al concluir la audiencia, el juez establecerá fecha y hora para la realización de la audiencia de alegaciones

---

[311] Ley 1437 de 2011, artículo 180.

y juzgamiento. Sin embargo, existe la posibilidad de que, por considerarla innecesaria, como suele ocurrir, se ordene la presentación por escrito de los alegatos en un plazo de diez (10) días siguientes a su celebración, para emitir la sentencia con posterioridad[312].

En este punto, vale la pena mencionar que, hasta antes de que se profiera la sentencia de segunda instancia, se podrá formular oferta de revocatoria, que si es aceptada por el demandante y el juez la encuentra ajustada al ordenamiento jurídico, el proceso judicial podrá terminar mediante auto que prestará mérito ejecutivo[313].

4.2.6. Audiencia de alegaciones y juzgamiento

Cuando se haya programado la audiencia de alegaciones y juzgamiento, el procedimiento inicial consistirá en recibir los alegatos de conclusión de las partes y, en caso de existir terceros involucrados, se les concederá hasta 20 minutos cada uno para presentar sus argumentos. Este mismo tiempo será otorgado al representante del Ministerio Público. Cabe destacar que el juez posee la facultad de interrogar a los intervinientes sobre los aspectos planteados en los alegatos.

Una vez completado este proceso, se procederá a dictar la sentencia de manera oral. En caso de que no sea factible, al menos se comunicará el sentido de la sentencia, y se plasmará por escrito en un plazo de diez días posteriores a la audiencia.

No obstante, en situaciones donde no sea posible indicar el sentido de la sentencia, esta se proferirá por escrito dentro de los treinta (30) días subsiguientes. Durante la audiencia, el Juez

---

312 Ley 1437 de 2011, artículo 181.

313 Ley 1437 de 2011, artículo 95. Parágrafo.

o Magistrado Ponente dejará constancia de las razones que impidieron indicar el sentido de la decisión en ese momento[314].

En cualquier circunstancia, una vez emitida la sentencia, esta deberá ser notificada a las partes y demás sujetos procesales en un plazo máximo de tres (3) días a partir de su fecha de emisión. La notificación se llevará a cabo mediante el envío del texto de la sentencia a través de mensajes al buzón electrónico designado para notificaciones judiciales. En este contexto, se adjuntará al expediente la constancia de recibo generada por el sistema de información, considerándose la notificación como efectuada en esa fecha[315].

4.2.7. Procedimiento de segunda instancia como consecuencia de la apelación de la sentencia

Cuando un fallo de primera instancia es condenatorio y se interpone un recurso de apelación, el juez o magistrado ponente citará a una audiencia de conciliación antes de decidir sobre la concesión del recurso. Esta audiencia se llevará a cabo si las partes lo solicitan de común acuerdo y proponen una fórmula conciliatoria, o a solicitud del agente del Ministerio Público si la entidad condenada es el recurrente.

El agente del Ministerio Público puede solicitar la audiencia basándose en la existencia de precedentes jurisprudenciales que anticipen la confirmación de la sentencia o en la alta probabilidad de condena evidenciada por el análisis de pruebas y la sentencia condenatoria de primera instancia. Si el agente del Ministerio Público solicita la audiencia, la entidad condenada debe someter el caso al Comité de Conciliación para determinar la procedencia de una fórmula conciliatoria. En caso

---

314 Ley 1437 de 2011, artículo 182.

315 Ley 1437 de 2011, artículo 203.

de no presentarse la fórmula, se debe proporcionar el acta del Comité con los argumentos que justifican su decisión.

Si el agente del Ministerio Público discrepa de la decisión del Comité a pesar de los precedentes y la alta probabilidad de condena, debe dejar constancia en la audiencia de conciliación. El juez de segunda instancia, de oficio o a solicitud del Ministerio Público, puede condenar con multas de 5 a 100 SMLMV si advierte temeridad o renuencia la posición de no conciliar, a la parte o a los servidores públicos involucrados en las conversaciones.

En cambio, si prevalece una disposición conciliatoria y se alcanza un acuerdo durante la audiencia, el proceso se dará por concluido una vez que el auto que aprueba el acuerdo conciliatorio quede ejecutoriado. Todo esto ocurre ante el propio despacho que emitió la sentencia[316]. Una vez superada la audiencia de conciliación judicial, en caso de haberse celebrado, o en todo caso, presentada la apelación correspondiente, se verifica el cumplimiento de los requisitos legales para la presentación oportuna del recurso. Si se cumplen tales requisitos, se concede la apelación mediante un auto que remite el expediente al superior, quien tomará la decisión sobre su admisión.

Durante el período transcurrido entre la notificación del auto que concede la apelación y la ejecutoria del auto que admite el recurso, los participantes en el proceso pueden expresar su posición respecto a la apelación presentada por otros intervinientes. Solo si es necesario presentar pruebas, el superior autorizará alegatos por escrito después de su práctica, otorgando un plazo de diez (10) días para ese efecto. En caso contrario, no se dará lugar a la presentación de alegatos. El secretario remitirá el expediente al despacho para dictar sentencia dentro de los

316 Ley 1437 de 2011, artículo 247. Modificado por la Ley 2080 de 2021

diez (10) días siguientes al vencimiento del plazo para alegar o la ejecutoria del auto que admite el recurso[317].

El Ministerio Público puede emitir su opinión desde la admisión del recurso hasta antes de que el proceso ingrese al despacho para la sentencia. Una vez dictada la sentencia, se ordenará devolver el expediente al juez de primera instancia para su cumplimiento y acatamiento. En resumen, la presentación de alegatos en la segunda instancia solo se dará si se han practicado nuevas pruebas durante ese período.

4.3. PROCEDIMIENTO ESPECIAL PARA LA NULIDAD POR INCONSTITUCIONALIDAD

Este procedimiento especial tramitado ante el Consejo de Estado tiene sus particularidades en comparación con el procedimiento contencioso general, pese a que señala que la demanda, su trámite y contestación, se sujetarán en lo no dispuesto en el artículo 184 del CPACA, las previsiones comprendidas entre los artículos 162 al 175 de ese estatuto legal. La primera etapa comienza con la radicación de la demanda, a continuación de lo cual se realiza el reparto para definir el magistrado a cuyo cargo estará la sustanciación del proceso y la elaboración de la ponencia del proyecto de fallo.

Este procedimiento implica el estudio de admisibilidad, el cual se realizará en un plazo de diez días. Como resultado, la demanda puede ser admitida, inadmitida o recibir el trámite correspondiente. Esta situación es común cuando se demandan actos que, según el criterio predominante, no son susceptibles de este medio de control.

---

317 *Ibidem.*

En caso de que la demanda sea inadmitida por incumplimiento de requisitos, se otorgará un término de tres días para su corrección, bajo pena de rechazo. Si la demanda cumple con los requisitos legales, se admitirá mediante auto, notificando a la entidad o autoridad demandada, así como a aquellos con interés directo en el proceso, y al Ministerio Público para que rinda su concepto de forma obligatoria. Además, se ordenará la publicación de un aviso en la secretaría y en el sitio web de la jurisdicción contencioso-administrativa para informar al público y permitir su intervención por escrito para defender o impugnar la legalidad del acto.

En el mismo auto, se solicitará el envío de los antecedentes administrativos y se invitará a entidades públicas, organizaciones privadas y expertos a presentar sus opiniones por escrito sobre puntos relevantes para el proyecto de fallo, cuando fuera del caso. Si se solicitó la suspensión provisional del acto, esta se resolverá en el mismo auto que admite la demanda.

Notificado el auto admisorio, comienza el traslado de la demanda por diez días, durante los cuales se pueden contestar la demanda, proponer excepciones y solicitar pruebas. Si se solicitan pruebas, y el despacho las considera necesarias, se emitirá un auto de decreto de pruebas, abriendo un plazo de diez días para su práctica.

Después de la práctica de pruebas o vencido el término probatorio[318], se concede un plazo de diez días al Procurador General de la Nación para rendir su concepto. Luego, el ponente registra el proyecto de fallo en un plazo de quince días, y la Sala Plena debe adoptar el fallo en los siguientes veinte días, a menos que haya asuntos que gocen de prelación constitucional[319]. Es importante señalar que contra los autos del ponente

---

318 O cuando no haya sido necesario surtir esta etapa.

319 Ley 1437 de 2011, artículo 184.

solo procede el recurso de reposición, excepto en casos de suspensión provisional y rechazo de la demanda, los cuales pueden ser objeto del recurso de súplica ante la Sala Plena.

4.4. PROCEDIMIENTO ESPECIAL PARA EL CONTROL INMEDIATO DE LEGALIDAD

Dada la naturaleza de este medio de control, no se inicia mediante una demanda. Puede comenzar porque la autoridad administrativa, obligada por ley, remite el acto administrativo a la jurisdicción contenciosa administrativa para su evaluación. Alternativamente, la judicatura puede asumirlo de oficio por la misma razón.

En este procedimiento, la competencia recae en jueces colegiados, con la sustanciación y ponencia a cargo de uno de los Magistrados de la Corporación y el fallo a la Sala Plena, excepto en los tribunales administrativos donde tal atribución le corresponde o la sala, subsección o sección.

Luego del reparto, el cual se realiza sin considerar la materia abordada por el acto, el Magistrado Ponente ordena la publicación de un aviso en la Secretaría durante diez (10) días, permitiendo que cualquier ciudadano intervenga por escrito para defender o impugnar la legalidad del acto administrativo. Además, dispone la publicación del aviso en el sitio web de la Jurisdicción de lo Contencioso Administrativo.

En el mismo auto que da inicio al procedimiento, denominado erróneamente como "auto admisorio de la demanda", el magistrado ponente puede invitar a entidades públicas, organizaciones privadas y expertos a presentar sus conceptos por escrito sobre puntos relevantes para el proyecto de fallo.

Cuando sea necesario conocer los trámites previos al acto sometido a examen, el Magistrado Ponente puede decretar pruebas conducentes en el auto "admisorio de la demanda".

Estas pruebas se practicarán en un plazo de diez (10) días. Vencido el plazo de publicación del aviso o el término probatorio, el asunto se remite al Ministerio Público para que emita su concepto en diez (10) días.

Una vez expirado el plazo de publicación del aviso o vencido el término probatorio, en caso de ser procedente, el asunto será remitido al Ministerio Público. Este último deberá presentar su concepto en un plazo máximo de diez (10) días.

Cumplido el período otorgado al Ministerio Público para emitir su concepto, el Magistrado o Ponente procederá a registrar el proyecto de fallo en un lapso no superior a quince (15) días contados a partir de la fecha de recepción en el Despacho para sentencia. La Sala, a su vez, adoptará el fallo en un plazo máximo de veinte (20) días, a menos que existan otros casos con prelación constitucional[320].

4.5. PROCEDIMIENTO ESPECIAL DE NULIDAD ELECTORAL

El procedimiento especial para tramitar el medio de control de nulidad electoral está regulado a partir del artículo 276 del Código de Procedimiento Administrativo y de lo Contencioso Administrativo (CPACA). Según lo dispuesto, una vez radicada y repartida la demanda, se deberá emitir un pronunciamiento sobre su admisión en un plazo máximo de tres (3) días[321]. En caso de que la demanda cumpla con los presupuestos procesales y los requisitos legales, se admitirá mediante un auto que no es susceptible de recursos y quedará en firme al día siguiente de la notificación por estado al demandante.

---

320 Ley 1437 de 2011, artículo 185.

321 Ley 1437 de 2011, artículo 276.

Si la demanda no cumple con los requisitos formales, se inadmitirá, otorgando al demandante un plazo de tres (3) días para subsanar las deficiencias. En caso de no llevar a cabo dicha corrección en el tiempo establecido, la demanda será rechazada[322]. De manera análoga, se rechazará la demanda en el caso de constatar la configuración de la caducidad.

En este contexto, es importante resaltar una de las causas específicas de inadmisión aplicables a este medio de control, la cual se fundamenta en la acumulación de causales de nulidad relacionadas con vicios en las cualidades, requisitos e inhabilidades del elegido o nombrado, junto con las que se originan en irregularidades en el proceso de votación y el escrutinio, ya que esto no está permitido. En este caso, la inadmisión de la demanda estará orientada a que se presenten de manera separada[323].

El auto que admite la demanda establecerá la notificación personal del elegido o nombrado, de acuerdo con las disposiciones especiales contempladas en el artículo 277 del Código de Procedimiento Administrativo y de lo Contencioso Administrativo (CPACA). Este artículo detalla las reglas específicas para la notificación personal o por aviso, según corresponda, así como la notificación a la autoridad que emitió el acto y al Ministerio Público[324]. Además, dispone que se informe a la comunidad sobre la existencia del proceso a través del sitio web de la Jurisdicción de lo Contencioso Administrativo o, en su ausencia, por otros medios de comunicación eficaces[325].

---

322 *Ibidem.*

323 Ley 1437 de 2011, artículo 281.

324 Tratándose de elección por voto popular, en el auto admisorio de la demanda se dispondrá que se informe al presidente de la respectiva corporación pública, para que por su conducto se entere a los miembros de la corporación que han sido demandados.

325 Señala la norma, que cuando se demande la elección por voto popular a cargos de corporaciones públicas con fundamento en las

En el caso de que se haya solicitado la suspensión provisional del acto impugnado, solicitud que debe incluirse en la demanda, dicha suspensión se resolverá en el mismo auto admisorio. Este auto debe ser emitido por el juez, la sala o sección correspondiente. Contra este auto, solo procede el recurso de reposición en los procesos de única instancia y el de apelación en los de primera instancia.

Una vez realizada la notificación adecuada del auto que admite la demanda y cumplidos los requisitos de publicidad, se procederá al traslado de la demanda, permitiendo que esta sea contestada en un plazo máximo de quince (15) días. Este plazo comenzará a contar a partir del día siguiente al vencimiento de los (3) días posteriores a la notificación personal del auto admisorio de la demanda al demandado, o en su defecto, pasados tres (3) días después de los cinco (5) días

---

causales 1, 2, 3, 4, 6 y 7 del artículo 275 del CPACA, relacionadas con irregularidades o vicios en la votación o en los escrutinios, caso en el cual se entenderán demandados todos los ciudadanos elegidos por los actos cuya nulidad se pretende, se les notificará la providencia por aviso en los términos de los literales anteriores.
Los partidos o movimientos políticos y los grupos significativos de ciudadanos quedarán notificados mediante la publicación de los avisos aludidos. Las copias de la demanda y de sus nexos quedarán en la Secretaría a disposición del notificado, y el traslado o los términos que conceda el auto notificado solo comenzarán a correr tres (3) días después de la notificación personal o por aviso, según el caso.
Si el demandante no acredita las publicaciones en la prensa requeridas para surtir las notificaciones por aviso previstas en los literales anteriores, dentro de los veinte (20) días siguientes a la notificación al Ministerio Público del auto que la ordena, se declarará terminado el proceso por abandono y se ordenará archivar el expediente.

contados a partir del día siguiente al de la publicación del aviso, según lo que corresponda[326].

La demanda podrá ser reformada en una única ocasión dentro de los tres (3) días siguientes a la notificación del auto admisorio de la demanda al demandante, y la decisión respectiva se tomará en un plazo máximo de tres (3) días. Se podrán agregar nuevos cargos contra el acto cuya nulidad se pretende, siempre y cuando no haya operado la caducidad; en caso contrario, la reforma será rechazada en relación con esos cargos específicos. No procederá recurso contra la decisión sobre la admisión de la reforma de la demanda[327].

Al día siguiente de vencerse el plazo para contestar la demanda, el juez o Magistrado Ponente, mediante un auto que no admitirá recurso, fijará la fecha para la celebración de la audiencia inicial. Este evento se llevará a cabo en un plazo no inferior a cinco (5) días ni superior a ocho (8) días a partir de la fecha en que se dicte el auto que la establezca. La finalidad de esta audiencia es llevar a cabo el saneamiento del proceso, fijar el litigio y decretar las pruebas[328].

Cuando se trate de asuntos de puro derecho o no sea necesario practicar pruebas, se seguirá el procedimiento establecido en el CPACA para el procedimiento contencioso general. La audiencia de pruebas también se regirá por las disposiciones establecidas en el Código de Procedimiento Administrativo y de lo Contencioso Administrativo para el procedimiento contencioso general.

En casos en los que las pruebas documentales constituyan los antecedentes del acto de elección por voto popular, se de-

---

326 Esos tres (3) días son los mencionados en el literal f del numeral 1° del artículo 277 del CPACA.

327 Ley 1437 de 2011, artículo 278.

328 Ley 1437 de 2011, artículo 283.

berán solicitar al Registrador Nacional de Estado Civil o al Consejo Nacional Electoral, quienes estarán obligados a enviarlos de manera inmediata. Una vez practicadas las pruebas, el juez o magistrado ponente fijará la fecha para la audiencia de alegaciones y juzgamiento, la cual se regirá por las reglas previstas en el CPACA para el procedimiento contencioso general

La ley establece que la sentencia será notificada personalmente a las partes y al agente del Ministerio Público al día siguiente de su expedición. En caso de que no se realice la notificación personal en dos (2) días, se procederá a notificar por edicto, que permanecerá fijado por tres (3) días[329]. Una vez que la sentencia adquiera firmeza, el secretario la comunicará de inmediato a las entidades u organismos correspondientes. En caso de presentarse un recurso de apelación, este podrá interponerse y sustentarse en el acto de notificación o dentro de los cinco (5) días siguientes, concediéndose en el efecto suspensivo. Si el recurso no es sustentado oportunamente, el inferior lo declarará desierto y la sentencia quedará ejecutoriada[330].

Una vez sustentado el recurso, se remitirá al superior a más tardar al día siguiente para que decida sobre su admisión. Si cumple con los requisitos legales, será admitido mediante auto, en el cual se ordenará a la Secretaría poner el memorial que lo fundamenta a disposición de la parte contraria por un período de tres (3) días. En situaciones donde ambas partes apelen, los términos serán comunes. Es importante señalar que no procede recurso contra el auto que concede y el que admite la apelación y tampoco frente al auto que niegue la adición de la sentencia.

---

329 El edicto suele ser fijado igualmente en la plataforma SAMAI.

330 Ley 1437 de 2011, artículo 292.

4.5.1. Trámite de segunda instancia de la nulidad electoral

Una vez completado el proceso de reparto del asunto, corresponderá al magistrado ponente tomar una decisión sobre la admisión del recurso mediante un auto. En este auto, además, se dispondrá que el expediente permanezca en la secretaría por un período de tres (3) días para que las partes, si lo consideran oportuno, presenten sus alegatos. Transcurrido este plazo, el agente del Ministerio Público tendrá un plazo de cinco (5) días para presentar su concepto. Posteriormente, el proceso entrará en la fase definitoria para el fallo, durante la cual los términos se reducirán a la mitad en comparación con los establecidos para la primera instancia.

Es importante destacar que en la segunda instancia no se podrán presentar hechos constitutivos de nulidad que debieron ser alegados en la primera instancia, excepto en los casos de falta de competencia funcional y notificación indebida del auto admisorio de la demanda al demandado o a su representante. En cuanto a la apelación contra los autos, esta se resolverá plano[331].

4.6. PROCEDIMIENTO ESPECIAL DE PÉRDIDA DE INVESTIDURA

La Ley 1881 de 2018 establece el procedimiento judicial para el trámite del medio de control de Pérdida de Investidura. Según lo dispuesto, una vez presentada la solicitud, se procede al reparto correspondiente. El magistrado ponente designado llevará a cabo el estudio de admisión, determinando su admisión, inadmisión o rechazo, en un plazo máximo de dos (2)

331 Ley 1437 de 2011, artículo 293.

días posteriores al reparto[332]. En caso de que la solicitud no sea admitida debido al incumplimiento de los requisitos o anexos exigidos por la ley, se devolverá y se solicitará al solicitante que complete, aclare los requisitos o aporte los documentos necesarios, otorgando un plazo adecuado para este fin.

Una vez que se han cumplido los requisitos, la solicitud será admitida, y en la misma providencia se ordenará la notificación personal al congresista o miembro de corporación pública de elección popular, dando inicio al proceso judicial correspondiente. Asimismo, se notificará al agente del Ministerio Público para que intervenga en el proceso. Estas notificaciones se realizarán al día siguiente de la expedición del auto que las decreta

En estos procesos, el miembro de la corporación pública podrá actuar sin la necesidad de un apoderado judicial y tendrá un plazo de cinco (5) días, a partir de la fecha de la notificación, para presentar por escrito sus observaciones respecto a lo expuesto en la solicitud. Además, podrá aportar pruebas o solicitar aquellas que considere pertinentes. Es importante destacar que, si tiene la intención de presentar una prueba pericial en el proceso, deberá adjuntar el dictamen junto con la contestación de la demanda[333].

Al siguiente día hábil, el magistrado ponente decretará las pruebas pertinentes y establecerá un plazo máximo de tres (3) días hábiles para su realización. En el mismo acto, se programará la fecha y hora de la audiencia pública, la cual se llevará a cabo dentro de los dos (2) días siguientes[334].

La audiencia pública será presidida por el magistrado ponente y contará con la presencia de la Sala Especial de Decisión de Pérdida de Investidura, a menos que se trate de concejales

---

332 Ley 1881 de 2018, artículo 8.

333 Ley 1881 de 2018, artículo 9.

334 Ley 1881 de 2018, artículo 11.

o diputados. En esta audiencia, el magistrado fijará los tiempos de intervención para las partes involucradas. Se registrará en medio magnético para su inclusión en el expediente.

Las partes tendrán la oportunidad de intervenir una vez, en el siguiente orden: el solicitante o su apoderado, el agente del Ministerio Público y el congresista o miembro de corporación pública involucrado o su apoderado. Al final de su intervención, las partes podrán presentar un resumen escrito.

Una vez concluida la audiencia, el magistrado ponente deberá redactar el proyecto de sentencia en un plazo máximo de dos (2) días hábiles y convocará a la Sala Especial de Decisión de Pérdida de Investidura del Consejo de Estado, o sala de tribunal según sea el caso, para su revisión y discusión. La decisión se tomará por mayoría de votos de los miembros de la Sala[335].

4.6.1. Trámite de segunda instancia en la pérdida de investidura

Una vez interpuesto y sustentado correctamente el recurso de apelación contra la sentencia de primera instancia, dentro de los diez (10) días siguientes a su notificación, se concederá mediante un auto que enviará el expediente al secretario general del Consejo de Estado para que proceda al reparto entre los magistrados de la Sala de lo Contencioso Administrativo. El magistrado asignado decidirá de manera inmediata sobre su admisión si no se ha solicitado la práctica de pruebas. Si en el recurso de apelación se solicitan pruebas, se decidirá también sobre su decreto.

Después de emitirse el auto admitiendo el recurso de apelación, se otorgará un plazo de tres (3) días hábiles para que

---

335 Ley 1881 de 2018, artículo 13. Si el fallo de primera instancia es emitido por el tribunal, le corresponderá decidir en segunda instancia a la Sección Primera del Consejo de Estado.

la otra parte y el Ministerio Público puedan ejercer su derecho de contradicción, solicitar la práctica de pruebas según lo establecido en el artículo 212 del Código de Procedimiento Administrativo y de lo Contencioso Administrativo, y presentar sus argumentos o concepto respectivo.

Una vez admitido el recurso o transcurrido el término probatorio, si corresponde, el Magistrado ponente deberá redactar el proyecto de sentencia en un plazo máximo de tres (3) días hábiles y convocará a la Sala Plena de lo Contencioso Administrativo para estudiar, debatir y decidir sobre la ponencia presentada.

Una vez que la sentencia quede ejecutoriada, se comunicará a la Mesa Directiva de la Cámara correspondiente, al Consejo Nacional Electoral y al Ministerio del Interior para que realicen las acciones correspondientes a su competencia. En caso de que el Consejo de Estado observe la posible comisión de delitos por parte del congresista, o detecte temeridad o mala fe en la acusación, la sentencia ordenará que se remitan copias de toda la actuación a las autoridades competentes para que inicien las investigaciones y apliquen las sanciones pertinentes. Si se presentan acusaciones por parte de varios ciudadanos, estas se acumularán a la primera que haya sido admitida, a menos que ya se hayan decretado la práctica de pruebas[336].

4.7. PROCEDIMIENTO ESPECIAL PARA TRAMITAR EL MEDIO DE CONTROL DIRIGIDO A LA PROTECCIÓN DE LOS DERECHOS E INTERESES COLECTIVOS

Después de haberse presentado la demanda de acuerdo con las disposiciones legales correspondientes, el juez competente debe pronunciarse en un plazo máximo de tres (3)

---

336 Ley 1881 de 2018, artículo 14.

días hábiles sobre su admisión. Si la demanda cumple con los requisitos legales, será admitida; de lo contrario, se inadmitirá y se concederá un término de tres (3) días para corregirla, bajo pena de rechazo[337].

En el auto de admisión de la demanda, el juez ordenará la notificación personal al demandado. Respecto a los miembros de la comunidad, la notificación puede realizarse a través de un medio masivo de comunicación u otro mecanismo eficaz, considerando los posibles beneficiarios. Si la demanda no ha sido presentada por el Ministerio Público, este será informado del auto admisorio para que intervenga como parte pública en la defensa de los derechos e intereses colectivos. Además, se notificará a la entidad administrativa encargada de proteger el derecho o interés colectivo afectado.

El juez ordenará trasladar la demanda al demandado por un período de diez (10) días para que la conteste. Asimismo, se le informará que la decisión se tomará dentro de los treinta (30) días siguientes al vencimiento del plazo de traslado y que tiene derecho a solicitar la práctica de pruebas junto con la contestación de la demanda[338]. En la contestación de la demanda solo se podrán plantear las excepciones de mérito y las previas de falta de jurisdicción y cosa juzgada, las cuales serán resueltas por el juez en la sentencia[339].

El juez convocará a una audiencia especial dentro de los tres (3) días siguientes al vencimiento del plazo de traslado de la demanda, en la que escuchará las diferentes posiciones sobre la demanda, y podrán intervenir también personas naturales o jurídicas que hayan registrado comentarios escritos sobre el proyecto. La intervención del Ministerio Público y de

---

337 Ley 472 de 1998, artículo 20.

338 Ley 472 de 1998, artículo 22.

339 Ley 472 de 1998, artículo 23.

la entidad responsable de velar por el derecho o interés colectivo será obligatoria[340].

En esta audiencia se puede llegar a un acuerdo de cumplimiento entre las partes (pacto de cumplimiento), determinando la forma de proteger los derechos e intereses colectivos y, en la medida de lo posible, restaurar las cosas a su estado anterior. La aprobación del pacto de cumplimiento se realizará mediante sentencia, cuya parte resolutiva se publicará en un diario de amplia circulación nacional a cargo de las partes involucradas. Si la audiencia se declara fallida por alguna de las causas legales, el juez decretará las pruebas necesarias, señalando el día y la hora para su práctica.

Después de practicadas las pruebas según lo establecido por la ley, se otorgará un plazo común de 5 días para presentar alegatos. Una vez cumplido este plazo, el expediente pasará al despacho para el fallo, que debe ser emitido dentro de los 20 días siguientes.

Una vez emitido y notificado el fallo de primera instancia, este puede ser apelado, y el recurso debe ser resuelto dentro de los veinte (20) días siguientes a partir de la radicación del expediente en la Secretaría del Tribunal competente, a menos que sea necesario practicar pruebas adicionales.

---

340 Ley 472 de 1998, artículo 27.

4.8. PROCEDIMIENTO ESPECIAL PARA TRAMITAR EL MEDIO DE CONTROL DIRIGIDO A LA INDEMNIZACIÓN DE PERJUICIOS CAUSADOS A UN GRUPO

Dentro de los diez (10) días hábiles siguientes a la presentación de la demanda, el juez competente emitirá un pronunciamiento sobre su admisión. En el auto que admita la demanda, además de ordenar su traslado al demandado por un período de diez (10) días, el juez dispondrá la notificación personal a los demandados. Respecto a los miembros del grupo, se les informará a través de un medio masivo de comunicación o de cualquier otro mecanismo eficaz, considerando los posibles beneficiarios. Para este fin, el juez podrá emplear simultáneamente diversos medios de comunicación[341].

Si la demanda no ha sido promovida por el defensor del pueblo, se le notificará personalmente el auto admisorio de la demanda para que intervenga en aquellos procesos que considere pertinentes. Del mismo modo, si la demanda no cumple con los requisitos legales, podría ser inadmitida para que se corrijan, otorgándose un plazo de diez (10) días con ese propósito, bajo pena de rechazo. Asimismo, podría ser rechazada *in limine* si se constata la configuración de la caducidad.

Una vez notificada, comienza a correr el término de traslado de diez (10) días para que la parte demandada conteste la demanda e interponga las excepciones de mérito, así como las excepciones previas establecidas en la Ley 1564 de 2012. Dentro de los cinco (5) días posteriores al vencimiento del término de traslado de la demanda, cualquier miembro del mismo grupo puede expresar su deseo de ser excluido del grupo y, por

---

341 Ley 472 de 1998, artículo 53.

lo tanto, no ser vinculado por el acuerdo de conciliación o la sentencia[342].

Por el contrario, aquellos que hayan sufrido un perjuicio pueden hacerse parte en el proceso antes de la apertura a pruebas, presentando un escrito que incluya su nombre, el daño sufrido, su origen y el deseo de acogerse al fallo y pertenecer al conjunto de individuos que interpuso la demanda como un mismo grupo. Quienes no hayan intervenido en el proceso pueden acogerse posteriormente, dentro de los veinte (20) días siguientes a la publicación de la sentencia, proporcionando la información mencionada anteriormente. Sin embargo, no podrán invocar daños extraordinarios o excepcionales para obtener una indemnización mayor, ni beneficiarse de la condena en costas[343]

El juez, de oficio, dentro de los cinco (5) días siguientes al vencimiento del término otorgado a los miembros del grupo demandante para solicitar su exclusión, debe convocar a una diligencia de conciliación con el fin de alcanzar un acuerdo entre las partes, que debe constar por escrito. Esta diligencia debe llevarse a cabo dentro de los diez (10) días siguientes a la convocatoria[344]. No obstante, en cualquier etapa del proceso, las partes pueden solicitar al juez la celebración de una nueva diligencia para conciliar sus intereses y poner fin al proceso. En la diligencia puede participar el defensor del pueblo o su delegado como mediador, y si el defensor ha presentado la demanda, esta función corresponderá al procurador general de la nación o su delegado, actuando con plena autonomía. Los apoderados de las partes también pueden intervenir en la audiencia. El acuerdo entre las partes se asimilará a una sentencia y tendrá los efectos que establece la ley. El acta de conciliación

---

342 Ley 472 de 1998, artículo 56.

343 Ley 472 de 1998, artículo 55.

344 Ley 472 de 1998, artículo 61.

que contenga el acuerdo tendrá autoridad de cosa juzgada y mérito ejecutivo. El juez ordenará la publicación del acuerdo de conciliación en un medio de comunicación de amplia circulación nacional.

Si no se logra un acuerdo conciliatorio, una vez realizada la audiencia de conciliación, el juez decretará las pruebas solicitadas y las que estime pertinentes de oficio, y fijará un plazo de veinte (20) días para que se practiquen, dentro del cual señalará las fechas de las diligencias necesarias. Si la complejidad del proceso lo requiere, este plazo puede prorrogarse de oficio o a solicitud de parte, hasta por otro término igual[345].

Una vez vencido el plazo para practicar pruebas, el juez dará traslado a las partes para alegar de conclusión por un término común de cinco (5) días. Cumplido este plazo, el secretario pasará inmediatamente el expediente al despacho para que se dicte sentencia en un plazo perentorio e improrrogable de veinte (20) días. Una vez que el expediente haya sido remitido al despacho para proferir la sentencia, no podrá realizarse ninguna actuación hasta que se dicte la sentencia, excepto la declaratoria de impedimento o recusación.

La sentencia es apelable con efecto suspensivo. En este caso, el juez ordenará que se preste una caución para garantizar las medidas cautelares de embargo y secuestro. El recurso de apelación debe ser resuelto por la autoridad judicial competente en un plazo máximo de veinte (20) días, contados a partir de la fecha de radicación del expediente en la Secretaría General. Sin embargo, cuando sea necesario practicar nuevas pruebas, el plazo para decidir el recurso puede ampliarse en diez (10) días[346].

---

345 Ley 472 de 1998, artículo 62.

346 Ley 472 de 1998, artículo 66.

4.9. PROCEDIMIENTO ESPECIAL PARA EXIGIR EL CUMPLIMIENTO DE LA LEY O ACTO ADMINISTRATIVO

Dentro de los tres (3) días siguientes a la presentación de la demanda, el Juez decidirá sobre su admisión o rechazo. En caso de que la solicitud carezca de algún requisito legal, se prevendrá al solicitante para que la corrija dentro del término de dos (2) días. Si no lo hiciera dentro de este plazo, la demanda será rechazada. Si la solicitud no aporta la prueba del cumplimiento del requisito de procedibilidad de la constitución de renuencia, el rechazo de la demanda procederá de plano, a menos que su cumplimiento genere un inminente peligro de sufrir un perjuicio irremediable[347].

Si la solicitud es verbal, el juez la corregirá en el acto con la información adicional que proporcione el solicitante. Si es admitida, el juez ordenará su notificación personal al demandado y la entrega de una copia de la demanda y sus anexos dentro de los tres (3) días siguientes a la admisión. Si no fuera posible, el juez podrá recurrir a cualquier otro medio que garantice el derecho de defensa. El auto también informará que la decisión se tomará dentro de los veinte (20) días siguientes a la admisión de la solicitud de cumplimiento, y que tiene derecho a hacerse parte en el proceso y a allegar pruebas o solicitar su práctica, dentro de los tres (3) días siguientes a la notificación

El juez podrá requerir informes al particular o a la autoridad pública contra quien se haya hecho la solicitud, y en el caso de actuaciones administrativas, pedir el expediente o la documentación donde consten los antecedentes del asunto. La omisión injustificada en el envío de esas pruebas acarreará responsabilidad disciplinaria. El plazo para informar será de uno (1) a cinco (5) días, fijado según la índole del asunto, la distancia y la

---

[347] Ley 393 de 1997, artículo 12.

rapidez de los medios de comunicación. Los informes se considerarán rendidos bajo la gravedad del juramento[348]

Concluida la etapa probatoria, si la hubiere, el juez dictará el fallo correspondiente. Dentro de los tres (3) días siguientes a su notificación, la sentencia podrá ser impugnada por el solicitante, la autoridad renuente o el representante de la entidad a la que éste pertenezca, y por el defensor del pueblo. La impugnación se concederá en el efecto suspensivo, a menos que la suspensión de cumplimiento del fallo genere un perjuicio irremediable del demandante. Presentada debidamente la impugnación, el juez remitirá el expediente a más tardar al día siguiente al superior jerárquico[349].

El juez que conozca de la impugnación estudiará el contenido de esta, cotejándola con el acervo probatorio y con el fallo. Podrá solicitar informes y ordenar la práctica de pruebas de oficio. En todo caso, proferirá el fallo dentro de los diez (10) días siguientes a la recepción del expediente. Si a su juicio el fallo carece de fundamento, procederá a revocarlo comunicándolo de inmediato; si lo encuentra ajustado a derecho lo confirmará.

Las providencias que se dicten en el trámite de la Acción de Cumplimiento, con excepción de la sentencia, carecerán de recurso alguno, salvo que se trate del auto que deniegue la práctica de pruebas, el cual admitirá el recurso de reposición que deberá ser interpuesto al día siguiente de la notificación por estado y resuelto a más tardar al día siguiente

El trámite de la Acción de Cumplimiento cuyo propósito sea hacer efectivo un Acto Administrativo se suspenderá hasta tanto no se profiera decisión definitiva, en el evento en que en

---

348 Ley 393 de 1997, artículo 17.

349 Ley 393 de 1997, artículo 21.

un proceso de nulidad en curso se haya decretado la suspensión provisional del acto incumplido

Si estando en curso la Acción de Cumplimiento, la persona contra quien se hubiere dirigido la Acción desarrolla la conducta requerida por la ley o el acto administrativo, se dará por terminado el trámite de la acción dictando auto en el que se declarará tal circunstancia y se condenará en costas, sin perjuicio de lo dispuesto en el artículo 24 de esta ley.

Cuando el incumplimiento de norma con fuerza de ley o acto administrativo sea proveniente del ejercicio de la excepción de inconstitucionalidad, el juez de cumplimiento deberá resolver el asunto en la sentencia. Lo anterior sin perjuicio de que el juez la aplique oficiosamente.

4.10. MEDIDAS CAUTELARES

Uno de los avances más significativos de la Ley 1437 de 2011 se produjo en el ámbito de las medidas cautelares, particularmente en el artículo 229, el cual establece que en todos los procesos declarativos llevados ante la jurisdicción contenciosa administrativa pueden solicitarse aquellas medidas dirigidas a proteger y garantizar provisionalmente el objeto del proceso y la efectividad de la sentencia[350].

De manera clara, la normativa establece que la solicitud y el decreto de medidas cautelares pueden realizarse en cualquier

---

[350] Ello es así, dado que en el Decreto 01 de 1984 solo se preveía la medida cautelar de suspensión provisional de los efectos del acto administrativo. Sin embargo, ello no significaba que esta fuera la única medida cautelar a la que se podía acudir en el campo contencioso administrativo, ya que, en leyes especiales como la Ley 472 de 1998 o la Ley 678 de 2001, ya se aludía a otras categorías de medidas cautelares.

etapa del proceso, incluso antes de la notificación del auto admisorio de la demanda. Estas medidas proceden a solicitud de parte debidamente sustentada, excepto en los procesos destinados a la defensa y protección de los derechos e intereses colectivos, donde pueden ser decretadas de oficio[351].

Las medidas cautelares podrán ser preventivas, conservativas, anticipativas o de suspensión, y deben guardar relación directa y necesaria con las pretensiones de la demanda. La ley otorga al juez amplias facultades para cumplir el propósito de la medida cautelar mediante órdenes y decisiones de la más variada naturaleza[352].

No obstante, si la medida cautelar está vinculada al ejercicio de una facultad que involucre elementos de discrecionalidad, el juez o magistrado ponente no puede reemplazar a la autoridad competente en la adopción de la decisión correspondiente. Debe limitarse a ordenar su adopción dentro del plazo que determine en atención a la urgencia o necesidad de la medida, y siempre de acuerdo con los límites y criterios establecidos en el ordenamiento vigente

4.10.1. Requisitos

Cuando se solicite la medida cautelar de suspensión provisional de los efectos de un acto administrativo, es necesario especificar claramente las normas que se consideran vulneradas. Esto puede hacerse ya sea mediante referencia al apartado respectivo de la demanda o a través de un escrito aparte, en el cual se exponga la razón de la supuesta violación.

La ley establece como requisito para el decreto de esta medida cautelar que la violación surja del análisis del acto

---

351 Ley 1437 de 2011, artículo 229.

352 Ley 1437 de 2011, artículo 230.

demandado y su confrontación con las normas superiores alegadas como violadas, o bien del estudio de las pruebas presentadas con la solicitud. Aunque la norma no exige, como ocurría anteriormente, una contradicción evidente entre el acto y la norma superior, su decreto no implica necesariamente una revisión con los mismos estándares de profundidad que los exigidos para la sentencia judicial. En casos en los que, además de la nulidad del acto, se busque el restablecimiento del derecho y la indemnización de perjuicios, se deberá probar sumariamente la existencia de los mismos como requisito adicional[353].

Es importante señalar que en algunas ocasiones no es procedente la solicitud de esta medida cautelar, como sucede en el caso de las cartas de naturaleza, donde la ley prohíbe expresamente la suspensión provisional[354]. Cuando se trate de medidas cautelares diferentes a la suspensión provisional de los efectos del acto administrativo, se exigen otros requisitos, a saber:

1. Que la demanda esté razonablemente fundada en derecho.
2. Que el demandante haya demostrado, así fuere sumariamente, la titularidad del derecho o de los derechos invocados.
3. Que el demandante haya presentado los documentos, informaciones, argumentos y justificaciones que permitan concluir, mediante un juicio de ponderación de intereses, que resultaría más gravoso para el interés público negar la medida cautelar que concederla.
4. Que, adicionalmente, se cumpla una de las siguientes condiciones:

---

353 Ley 1437 de 2011, artículo 231.

354 Ley 2332 de 2023, artículo 31. Parágrafo 1°.

a) Que al no otorgarse la medida se cause un perjuicio irremediable, o

b) Que existan serios motivos para considerar que de no otorgarse la medida los efectos de la sentencia serían nugatorios.

Según lo dispuesto por la ley, el solicitante de una medida cautelar deberá prestar caución con el propósito de garantizar los perjuicios que pudieran surgir a raíz de la misma. No obstante, no se exigirá la prestación de caución en casos específicos, como en la suspensión provisional de los efectos de los actos administrativos, en procesos destinados a la defensa y protección de los derechos e intereses colectivos, en procesos de tutela, ni cuando la solicitante de la medida cautelar sea una entidad pública[355].

4.10.2. Procedimiento

El Código de Procedimiento Administrativo y de lo Contencioso Administrativo (CPACA) establece dos procedimientos para la tramitación de solicitudes de medida cautelar. El primero, que podría denominarse como "ordinario" o general, es el que debe seguirse por regla general. El segundo procedimiento está establecido exclusivamente para tramitar medidas cautelares de urgencia. En cuanto al trámite ordinario el procedimiento es el siguiente:

Si la solicitud de la medida cautelar se presenta antes de la admisión de la demanda, el juez o magistrado, al admitir la demanda mediante auto separado, ordenará correr traslado de la solicitud de la medida cautelar para que el demandado se pronuncie sobre ella dentro del término de cinco (5) días. Este término comenzará a correr una vez realizada la notificación

---

355 Ley 1437 de 2011, artículo 232.

personal respectiva[356]. En el caso de que la solicitud se presente en el curso del proceso después de emitido el auto admisorio de la demanda, se dará traslado a la otra parte al día siguiente de su recepción

Si la medida cautelar se solicita en audiencia, se correrá traslado durante la misma a la otra parte para que se pronuncie sobre ella. Una vez evaluada por el juez o magistrado ponente, podrá ser decretada en la misma audiencia, y allí mismo se deberá fijar la caución en caso de que corresponda hacerlo.

El auto que decida las medidas cautelares solicitadas por fuera de audiencia deberá proferirse dentro de los diez (10) días siguientes al vencimiento del término que dispone el demandado para pronunciarse sobre ella. En este mismo auto, el juez o magistrado ponente deberá fijar la caución si la medida es decretada.

En cualquier caso, la medida cautelar solo podrá hacerse efectiva a partir de la ejecutoria del auto que acepte la caución prestada. Cuando la medida haya sido negada, podrá solicitarse nuevamente si se han presentado hechos sobrevinientes y en virtud de ellos se cumplen las condiciones requeridas para su decreto. Contra el auto que resuelva esta solicitud no procederá ningún recurso

Los recursos procedentes contra el auto que decida sobre medidas cautelares deberán ser resueltos en un término máximo de veinte (20) días[357]. El trámite de urgencia se aplica cuando resulta evidente que, debido a su urgencia, no es

---

[356] Término que también se debe conceder en el ámbito de la nulidad electoral. Consejo de Estado. Sala de lo Contencioso Administrativo. Sección Cuarta. M. P. Rocío Araújo Oñate. Sentencia de Unificación del 26 de noviembre de 2020. Radicación: 44001-23-33-0002020-00022-01.

[357] Ley 1437 de 2011, artículo 233.

factible seguir el procedimiento ordinario previsto para la solicitud de medidas cautelares. En cualquier caso, corresponde al juez verificar la presencia de las condiciones de urgencia, ya que, si determina lo contrario, procederá con el trámite general u ordinario de la solicitud.

Cuando las condiciones de urgencia respaldan la solicitud de medida cautelar, el juez puede adoptar dicha medida, prescindiendo del procedimiento general, y ordenar su comunicación y ejecución de inmediato, siempre y cuando se constituya la caución requerida, cuando corresponda[358].

Esta decisión está sujeta a los recursos pertinentes, y el demandado o afectado por la medida puede solicitar su levantamiento, prestando la caución que satisfaga al juez, cuando sea compatible con la naturaleza de la medida, para asegurar la reparación de los daños y perjuicios que pudieran causarse.

La medida cautelar puede ser modificada o revocada en cualquier etapa del proceso, ya sea de oficio o a solicitud de parte, cuando el juez o magistrado determine que no se cumplieron los requisitos para su otorgamiento, que ya no están presentes o que han sido superados, o cuando sea necesario modificarla para su cumplimiento, según corresponda. En estos casos, no se requerirá la caución mencionada anteriormente[359].

La parte beneficiada con una medida cautelar debe informar, dentro de los tres (3) días siguientes a su conocimiento, cualquier cambio sustancial en las circunstancias que permitieron su otorgamiento y que puedan dar lugar a su modificación o revocación. La omisión de cumplir con este deber, cuando la otra parte no pudo conocer dicha modificación, será sancionada con multas u otras medidas que el juez pueda

---

358 Ley 1437 de 2011, artículo 234.

359 Ley 1437 de 2011, artículo 235.

imponer de acuerdo con las normas vigentes, en ejercicio de sus poderes correccionales.

4.11. PROCEDIMIENTO PARA LA EXTENSIÓN DE LA JURISPRUDENCIA DEL CONSEJO DE ESTADO A TERCEROS

El CPACA enfatizó la importancia de garantizar la aplicación uniforme de las fuentes del derecho cuando las circunstancias fácticas y jurídicas lo permitieran. Por esta razón, no resultó sorprendente que se establecieran disposiciones dirigidas a lograr este objetivo en el ámbito administrativo. Esto se evidencia en la disposición normativa del numeral 2° del artículo 3° de la Ley 1437 de 2011, y, especialmente, en el artículo 10° de dicho estatuto. Este último contempla explícitamente el deber de las autoridades administrativas de aplicar de manera uniforme las disposiciones constitucionales, legales y reglamentarias a situaciones que presenten los mismos supuestos fácticos y jurídicos[360].

Asimismo, se establece la obligación de observar las sentencias de unificación jurisprudencial del Consejo de Estado[361], en las cuales se interpreten y apliquen dichas normas, así como

---

360 Ley 1437 de 2011, artículo 10.

361 Al respecto, dispone el artículo 270 del CPACA, modificado por el artículo 78 de la Ley 2080 de 2021, que se tendrán como sentencias de unificación jurisprudencial las que profiera o haya proferido el Consejo de Estado por importancia jurídica o trascendencia económica o social o por necesidad de unificar o sentar jurisprudencia precisar su alcance o resolver las divergencias en su interpretación y aplicación; las proferidas al decidir los recursos extraordinarios y las relativas mecanismo eventual de revisión previsto en el artículo 36A de la Ley 270 de 1996, adicionado por el artículo 11 de la Ley 1285 de 2009.

las decisiones de la Corte Constitucional[362]. Lo destacado radica en que la intención del legislador no se limitó simplemente a establecer un deber genérico de aplicar uniformemente la jurisprudencia y las fuentes del derecho. En cambio, se diseñaron dos procedimientos específicos para asegurar su cumplimiento. Uno de ellos es de índole administrativa, configurándose, eventualmente, como el requisito previo para el otro procedimiento de carácter judicial.

En virtud del artículo 102 del CPACA, se estableció un procedimiento administrativo con el propósito de que las autoridades administrativas extiendan los efectos de una sentencia de unificación jurisprudencial dictada por el Consejo de Estado[363] a aquellos que lo soliciten y acrediten los mismos supuestos fácticos y jurídicos.

Dicha solicitud debe cumplir con requisitos destinados a demostrar que el solicitante se encuentra en una situación de hecho y de derecho idéntica a la del demandante al que se le reconoció el derecho en la sentencia de unificación invocada. Es crucial presentarla de manera oportuna, antes de que se configure el término de caducidad para recurrir al medio de control judicial correspondiente para la protección de su derecho subjetivo, pues de lo contrario, la autoridad administrativa no podrá acoger la solicitud y deberá rechazarla.

Una vez presentada la solicitud se suspenden los términos para la presentación de la demanda correspondiente, según la naturaleza del asunto, hasta que transcurran los treinta (30) días fijados para acudir ante el Consejo de Estado a los

---

362 Corte Constitucional. Sala Plena. M. P. Luís Ernesto Vargas. Sentencia del 24 de agosto de 2011. Sentencia C-634 de 2011.

363 O emitidas por la Corte Constitucional, en los términos de la Sentencia C-634 de 2011.

que alude el artículo 102 del CPACA[364], en caso de que el interesado opte por no hacerlo. Si, por el contrario, decide recurrir al Consejo de Estado para completar el proceso judicial de extensión de la jurisprudencia, los términos seguirán suspendidos hasta que la providencia que niega la extensión quede ejecutoriada. A partir de ese momento, se reanudará el plazo para presentar la demanda, de acuerdo con las reglas establecidas para dicho trámite, siempre y cuando exista una decisión administrativa definitiva o el medio de control no requiera un pronunciamiento adicional por parte de la entidad correspondiente[365].

Presentada la solicitud en debida forma, la autoridad competente, previa solicitud de concepto a la Agencia Nacional de Defensa Jurídica del Estado[366], cuando corresponda, tomará una decisión fundamentada en las disposiciones constitucionales, legales y reglamentarias pertinentes, teniendo en consideración la interpretación que se hizo de ellas en la sentencia de unificación invocada. Asimismo, se analizarán los demás elementos jurídicos relacionados con el fondo de la petición y se verificará el cumplimiento de todos los requisitos necesarios para que esta sea procedente.

Si se acoge la solicitud, frente al acto que reconoce el derecho no proceden los recursos administrativos correspondientes, sin perjuicio del control jurisdiccional a que hubiere lugar.

En caso de que la solicitud sea negada, ya sea de manera total o parcial, lo cual puede ocurrir cuando se señala que la decisión no puede adoptarse sin que se realice un periodo probatorio para demostrar la falta del derecho invocado, o cuando se estime de manera fundamentada que la situación

---

364 Ley 1437 de 2011, artículo 102.

365 Ley 1437 de 2011, artículo 269.

366 En los términos del artículo 614 de la Ley 1564 de 2012.

del peticionario difiere de la resuelta en la sentencia de unificación invocada, resultando así improcedente la extensión de sus efectos, no estará habilitado ningún recurso administrativo ni medio de control jurisdiccional. En este escenario, al solicitante solo le quedará la opción de recurrir, dentro de los treinta (30) días siguientes a la notificación de la decisión, ante el Consejo de Estado según lo dispuesto en el artículo 269 del CPACA, si desea persistir en su solicitud ante dicha instancia judicial o, si es si es del caso, acudir al medio de control ordinario que en derecho corresponda.

Lo mismo sucederá, si la autoridad guarda silencio, una vez cumplidos los plazos para tomar la decisión correspondiente. En cualquier circunstancia en la que el solicitante decida recurrir al Consejo de Estado debido a la negativa de la Administración para aceptar su solicitud de extensión de los efectos de una sentencia de unificación jurisprudencial, o ante su falta de respuesta, será necesario que otorgue poder a un abogado[367]. Este abogado deberá presentar un escrito razonado, en el que demuestre que el interesado se encuentra en una situación de hecho y de derecho similar a la del demandante al que se le reconoció el derecho en la sentencia de unificación invocada[368].

---

367 Consejo de Estado. Sala de lo Contencioso Administrativo. Sección Cuarta. M. P. Jorge Octavio Ramírez. Auto del 2 de marzo de 2015. Expediente: 11001-03-27-000-2014-00026-00(21073).

368 Si bien es cierto la solicitud no debe cumplir con los requisitos de una demanda, debe acreditar unos presupuestos mínimos que garanticen que el mecanismo será utilizado de manera razonable, pues, de lo contrario, lo que hoy se concibe como un instrumento útil para lograr una menor litigiosidad ante la Rama Judicial, puede llegar a convertirse en un factor que agrave de congestión para el Consejo de Estado. Consejo de Estado. Sala de lo Contencioso Administrativo. Sección Tercera. Subsección A. MP: Hernán Andrade Rincón. Expediente: 11001-03-26-000-2013-00096-00(47833).

Adicionalmente, el escrito deberá estar acompañado de la copia de la actuación surtida ante la autoridad competente y de la manifestación, bajo la gravedad del juramento, que se entenderá prestado con la sola presentación de la solicitud, de que no ha acudido a la jurisdicción de lo contencioso administrativo, con el fin de obtener el reconocimiento del derecho que se pretende.

Una vez presentado el escrito ante el Consejo de Estado, y asignado al despacho que se encargará de su trámite, se estudiará su admisibilidad, pudiendo inadmitirse ante el incumplimiento de los requisitos, caso en el cual se otorgará un término de diez (10) días para su corrección, so pena de rechazo.

También se puede dar el rechazo de plano cuando la solicitud de haya presentado extemporáneamente, se hubiese acudido a la Jurisdicción de lo Contencioso Administrativo, con el fin de obtener el reconocimiento del derecho que se pretende en la solicitud de extensión, se pida extender una sentencia que no sea de unificación o que la sentencia de unificación invocada no sea de aquellas que reconocen un derecho, haya operado la caducidad o se establezca que no procede la extensión solicitada por no existir o no estar acreditada la similitud entre la situación planteada por el peticionario y la sentencia de unificación invocada.

En caso de cumplirse con los requisitos establecidos, la solicitud será admitida, y se dará traslado a la entidad frente a la cual se solicita la extensión y a la Agencia Nacional de Defensa Jurídica del Estado. Ambas partes tendrán un término común de treinta (30) días para presentar las pruebas pertinentes y oponerse a la solicitud, si así lo consideran.

Transcurrido dicho plazo, las partes y el Ministerio Público podrán presentar sus alegaciones por escrito en un término común de diez (10) días, sin necesidad de auto que lo ordene.

La decisión sobre la petición se tomará en los treinta (30) días siguientes al vencimiento del término anterior[369].

En caso de que la solicitud sea considerada procedente, la Sala emitirá por escrito la extensión de la jurisprudencia y el reconocimiento del derecho correspondiente, con efectos equivalentes al fallo extendido. Cuando sea pertinente, se convocará a una audiencia de alegatos para tomar la decisión correspondiente, pudiendo ordenar la presencia del funcionario competente de la entidad involucrada bajo la pena de incurrir en falta grave.

Si la extensión del fallo implica el reconocimiento de un derecho patrimonial, la liquidación se realizará en la misma decisión basada en las pruebas presentadas. En caso de falta de pruebas para la liquidación, la decisión se dictará en abstracto, permitiendo la liquidación posterior mediante un trámite incidental a presentarse en los treinta (30) días siguientes a la ejecutoria de la decisión de extensión. El juez competente para este trámite será aquel que habría sido competente para conocer del medio de control, y contra la decisión de liquidación solo procederá el recurso de reposición por desacuerdo en su monto.

En caso de negarse la solicitud de extensión, el interesado podrá acudir a la autoridad para que resuelva el asunto de fondo, siguiendo las reglas generales, si no lo hubiera decidido previamente. Este pronunciamiento podrá ser objeto de control judicial mediante el medio de control de nulidad y restablecimiento del derecho, cuando aplique.

En situaciones en las que el Consejo de Estado considere que la solicitud de extensión de jurisprudencia es manifiestamente improcedente, condenará en costas al peticionario. En ningún caso se tramitará el mecanismo de extensión de

---

369 Ley 1437 de 2011, artículo 269.

jurisprudencia si la materia o asunto no es de conocimiento de la jurisdicción de lo contencioso administrativo[370].

370 Ley 1437 de 2011, artículo 269.

Capítulo 5

Los recursos

5.1. INTRODUCCIÓN

Los recursos judiciales son herramientas procesales que permiten a las partes del proceso impugnar las decisiones judiciales. Constituyen garantías esenciales del derecho de contradicción que buscan la revisión de las providencias judiciales. Dada su importancia, se abordará su estudio con el propósito de analizar los aspectos más relevantes y prácticos en torno al tema.

En el ámbito contencioso administrativo, los recursos judiciales se dividen principalmente en dos categorías: ordinarios y extraordinarios. Sin embargo, también existen otras figuras procesales, como la revisión eventual, que, aunque en sentido estricto no constituye un recurso, será objeto de análisis en el presente capítulo dada su similitud o cercanía temática.

5.2. RECURSOS ORDINARIOS

Los recursos ordinarios son aquellos que pueden presentarse frente a las decisiones judiciales de manera habitual, es decir, sin que exista una condición o exigencia especial para su formulación. En este sentido, basta con estar razonablemente en desacuerdo con la decisión judicial impugnada para estar habilitado para presentarlos.

Asimismo, los recursos ordinarios deben ser interpuestos dentro del término de ejecutoria de la decisión judicial, so pena de rechazo, por presentación extemporánea. En el ámbito contencioso administrativo, los recursos ordinarios incluyen el de reposición, apelación, queja y súplica.

La reforma legal introducida con la Ley 2080 de 2021 ha traído importantes cambios en esta materia, destacándose el hecho de que, por regla general, los recursos pueden ser formulados como principales o subsidiarios. Además, se ha establecido una nueva oportunidad para la presentación del recurso de apelación frente a los autos.

5.2.1. El recurso de reposición

Según el artículo 242 del CPACA, el recurso de reposición procede contra todos los autos, salvo norma legal en contrario. En este sentido, cobra especial relevancia el artículo 243 A adicionado por la Ley 2080 de 2021, que dispone un listado de providencias no susceptibles de ningún recurso ordinario, que, por lo tanto, no pueden ser recurridas en reposición[371].

En cuanto a su oportunidad y trámite, se aplicará lo dispuesto en el Código General del Proceso, que prevé en el artículo 318, que el recurso deberá interponerse con expresión de las razones que lo sustenten, de forma verbal inmediatamente después de que se pronuncie el auto en la respectiva audiencia. Sin embargo, cuando el auto se pronuncie fuera de audiencia, el recurso deberá interponerse por escrito dentro de los tres (3) días siguientes a la notificación del auto[372]. El recurso de reposición se decidirá en la audiencia, previo traslado en ella a la parte contraria. Cuando sea procedente formularlo por escrito, se resolverá previo traslado a la parte contraria por tres (3) días.

---

[371] Ley 1437 de 2011, artículo 242.

[372] Ley 1564 de 2012, artículo 318.

El auto que decide la reposición no es susceptible de ningún recurso, salvo que contenga puntos no decididos en el anterior, caso en el cual podrán interponerse los recursos pertinentes respecto de los puntos nuevos contenidos en la providencia judicial.

5.2.2. El recurso de apelación

El recurso de apelación representa el instrumento que pone en práctica el principio de la doble instancia. En este sentido, esta herramienta permite que el juez de superior jerarquía, conocido como *ad quem*, examine la decisión tomada por el juez de primera instancia, conocido como *a quo*.

En este contexto, las sentencias de primera instancia y algunos autos interlocutorios emitidos en la misma instancia son susceptibles de apelación[373]. Lo anterior indica algo relevante: en los procedimientos judiciales de única instancia, como su nombre lo indica, no cabe la posibilidad de presentar este recurso.

A diferencia del recurso de reposición, el recurso de apelación solo puede ser interpuesto ante los autos específicamente designados como susceptibles de este recurso, ya sea de acuerdo con el CPACA o según normativas especiales. Por ejemplo, el artículo 243 del código mencionado, modificado por el artículo 62 de la Ley 2080 de 2021, enumera una amplia gama de autos emitidos en primera instancia que pueden ser impugnados mediante este recurso, además de indicar el efecto que debe acompañar su concesión.

En cuanto a la presentación y trámite, es relevante señalar que la legislación establece un momento y procedimiento específico para la apelación de autos y sentencias. A modo de

---

373 Ley 1437 de 2011, artículo 243.

ejemplo, se establece que, de manera general y a menos que exista una disposición especial en contrario, el recurso de apelación contra autos puede ser presentado directamente o en subsidio del recurso de reposición[374].

Cuando el auto es emitido durante una audiencia, la apelación debe presentarse y sustentarse verbalmente de inmediato después de su notificación en estrados o, en su defecto, tras la notificación del auto que niega total o parcialmente la reposición.

En caso de que la notificación del auto se realice por medio de anotación en estados, el recurso debe ser interpuesto y sustentado por escrito ante la autoridad que lo emitió, en un plazo máximo de tres (3) días a partir de su notificación o de la notificación del auto que deniega total o parcialmente la reposición. En el ámbito del control electoral, este plazo se reduce a dos (2) días.

Esto implica que el recurrente tiene la opción de presentar el recurso de apelación de manera independiente, prescindiendo del recurso de reposición, o en subsidio de este último. En tal caso, puede presentarlo al mismo tiempo que interpone la reposición o, alternativamente, una vez que se ha notificado la decisión sobre el recurso de reposición presentado.

En el caso de que la notificación del auto apelable se haya realizado por estrados, el juez o magistrado deberá dar traslado a los demás sujetos procesales sobre la apelación, permitiéndoles expresar su opinión al respecto. Posteriormente, se tomará una decisión sobre si se concede el recurso o no

Si la notificación se llevó a cabo mediante estados, de la sustentación del recurso se dará traslado por la secretaría a los demás sujetos del proceso, sin necesidad de un auto que lo

---

374 Ley 1437 de 2011, articulo 244.

ordene. Los términos serán comunes si ambas partes apelan. Sin embargo, este traslado no se aplicará en casos en los que se apele el auto que rechaza la demanda o se niega total o parcialmente el mandamiento ejecutivo.

Una vez completado el traslado a las demás partes, el secretario enviará el expediente al despacho del juez o magistrado ponente, quien decidirá si concede el recurso en caso de que sea procedente y haya sido debidamente sustentado. Cuando el recurso ha sido concedido, el expediente será remitido al superior para que este lo resuelva de manera inmediata.

En el caso específico de la apelación de sentencias, el CPACA establece que el recurso debe ser interpuesto y sustentado ante la autoridad que emitió la sentencia, dentro de los diez (10) días posteriores a su notificación[375], salvo en aquellos casos con trámites procedimentales especiales en los que el término puede ser diferente, como sucede por ejemplo en materia electoral[376].

Una vez presentado el recurso de manera oportuna, el procedimiento que sigue está sujeto a diversas variables. Entre estas, se destaca el carácter condenatorio de la sentencia de primera instancia, lo que conlleva a la convocatoria a una audiencia de conciliación antes de la concesión del recurso, si las partes así lo solicitan de común acuerdo y proponen una solución conciliatoria, o a solicitud del agente del Ministerio Público, en caso de que la entidad condenada sea la recurrente.

En caso de alcanzarse un acuerdo conciliatorio y ser aprobado, el proceso concluirá mediante conciliación judicial una vez que la decisión quede ejecutoriada. En cambio, si no se logra

---

375 Ley 1437 de 2011, artículo 247.

376 Que según lo dispuesto en el artículo 292 del CPACA, se interpondrá y sustentará ante él *a quo* en el acto de notificación o dentro de los cinco (5) días siguientes.

un acuerdo conciliatorio, si no se convoca a una audiencia o si la sentencia no es condenatoria, y el recurso ha sido debidamente sustentado y cumple con los requisitos legales, se concederá mediante un auto que ordenará enviar el expediente al tribunal superior, quien decidirá sobre su admisión

Desde la notificación del auto que concede la apelación hasta la ejecutoria del auto que la admite en segunda instancia, las partes tendrán la oportunidad de pronunciarse sobre el recurso de apelación presentado por los demás intervinientes. Solo en casos en los que sea necesario ordenar pruebas, una vez que estas se hayan practicado, el superior permitirá la presentación de alegatos por escrito, otorgando un plazo de diez (10) días para ello. Una vez vencido este plazo, el expediente pasará al despacho para dictar sentencia dentro de los diez (10) días siguientes a la conclusión del término para alegar o a la ejecutoria del auto que admite el recurso.

El Ministerio Público tendrá la facultad de emitir su concepto desde que el recurso es admitido hasta antes de que el proceso ingrese al despacho para la sentencia. La sentencia será emitida dentro de los veinte (20) días siguientes. En esta sentencia se ordenará devolver el expediente al juez de primera instancia para que se cumpla y obedezca lo dispuesto.

Es relevante subrayar que el parágrafo del artículo 322 de la Ley 1564 de 2012 establece la opción para la parte no apelante de sumarse al recurso de apelación presentado por otra de las partes, específicamente en caso de que la decisión impugnada le resulte desfavorable. A esta modalidad se le conoce como apelación adhesiva.

La oportunidad para presentar este recurso es extensa, ya que el escrito de adhesión, debidamente fundamentado, puede ser presentado ante el juez que emitió la decisión mientras el expediente permanezca en su despacho. Además, es posible presentarlo ante la instancia superior hasta antes de que expire el término de ejecutoria del auto que admite la apelación de la sentencia. No obstante, es importante tener en cuenta que la adhesión perderá su efecto si se materializa el desistimiento por parte del apelante principal[377].

2.2.3. El recurso de queja

El artículo 245 del CPACA establece el recurso de queja como un recurso procesal que entra en juego en diversas situaciones. Este recurso se utiliza cuando la apelación es denegada, rechazada o declarada desierta, con el fin de que sea concedida conforme a la ley. Además, se aplica en casos donde la apelación se concede con un efecto diferente al establecido por la normativa, así como cuando los recursos extraordinarios de revisión y unificación de jurisprudencia no son concedidos[378].

A diferencia de la legislación procesal civil, que solo contempla el recurso de queja en casos donde la apelación o casación es denegada, el CPACA, como se vio, amplía su ámbito de aplicación. No obstante, para su tramitación y presentación, se aplica lo establecido en el artículo 353 del Código General del Proceso. Según esta disposición, el recurso de queja debe ser presentado en subsidio del recurso de reposición contra el auto que denegó la apelación, a menos que este auto sea consecuencia de la reposición interpuesta por la parte contraria, en cuyo caso se interpone directamente dentro de la ejecutoria.

El propósito fundamental del recurso de queja es garantizar la coherencia y consistencia en las decisiones judiciales, evitando que algún sujeto procesal se vea perjudicado debido a errores judiciales resultantes de la negación de la apelación u

---

[377] Ley 1564 de 2012, artículo 322.

[378] Ley 1437 de 2011, artículo 245.

otros recursos extraordinarios, o debido a su concesión con un efecto no previsto por la ley[379].

Una vez denegada la reposición o interpuesta la queja, el juez ordenará la reproducción de las piezas procesales necesarias, siguiendo el procedimiento establecido para la apelación. Las copias se enviarán al tribunal superior, quien puede ordenar al inferior que remita copias adicionales del expediente. En la actualidad, el uso de medios tecnológicos facilita este proceso de remisión de piezas del expediente.

El escrito del recurso de queja permanecerá en la secretaría durante tres (3) días para que la otra parte pueda presentar sus argumentos. Una vez cumplido este plazo, se tomará una decisión sobre el recurso. Si el tribunal superior considera que la denegación de la apelación fue indebida, la admitirá y comunicará su decisión al inferior, indicando el efecto en el que debe concederse el recurso[380].

5.2.4. Recurso de súplica

El recurso de súplica es aplicable ante jueces colegiados y procede únicamente contra ciertos autos dictados por el magistrado ponente. Estos incluyen aquellos que declaren la falta de competencia o jurisdicción en cualquier instancia, así como los enlistados en los numerales 1 al 8 del artículo 243 del CPACA cuando sean emitidos en el curso de la única instancia, durante el trámite de la apelación o de los recursos extraordinarios. También procede contra los autos que rechacen de plano la solicitud de extensión de jurisprudencia o los que, durante

---

379 Consejo de Estado, Sección Tercera, auto del 09 de diciembre de 2010. MP: Stella Conto Díaz del Castillo. Expediente: 38753.

380 Ley 1564 de 2012, artículo 353.

el trámite de la apelación o de los recursos extraordinarios, los rechacen o declaren desiertos[381].

Sin embargo, este recurso no procede contra los autos mediante los cuales se resuelva la apelación o queja. La súplica se surtirá en los mismos efectos previstos para la apelación de autos. Su interposición y decisión se sujetará a las siguientes reglas:

El recurso de súplica podrá interponerse directamente o en subsidio de la reposición. Cuando se acceda total o parcialmente a la reposición interpuesta por una de las partes, la otra podrá interponer recurso de súplica contra el nuevo auto, si fuere susceptible de este último recurso.

Si el auto se profiere en audiencia, el recurso deberá interponerse y sustentarse oralmente a continuación de su notificación en estrados o de la del auto que niega total o parcialmente la reposición. De inmediato, el magistrado ponente dará traslado del recurso a los demás sujetos procesales, con el fin de que se pronuncien, y a continuación ordenará remitir la actuación o sus copias al competente para decidir, según el efecto en que deba surtirse.

Si el auto se notifica por estado, el recurso deberá interponerse y sustentarse por escrito ante quien lo profirió dentro de los tres (3) días siguientes a su notificación o a la del auto que niega total o parcialmente la reposición. En el medio de control electoral este término será de dos (2) días.

El escrito se agregará al expediente y se mantendrá en la secretaría por dos (2) días a disposición de los demás sujetos procesales, sin necesidad de auto que así lo ordene. Este traslado no procederá cuando el recurso recaiga contra el auto que rechaza la demanda, o el que niega total o parcialmente el

---

381 Ley 1437 de 2011, artículo 246.

mandamiento ejecutivo. Surtido el traslado, el secretario pasará el expediente o sus copias al competente para decidir, según el efecto en que deba surtirse;

El recurso será decidido por los demás integrantes de la sala, sección o subsección de la que haga parte quien profirió el auto recurrido. Será ponente para resolverlo el magistrado que sigue en turno a aquel; en aquellos casos en que el recurrente no sustente el recurso, el juez o magistrado ponente, de plano, se abstendrá de darle trámite[382].

5.3. RECURSOS EXTRAORDINARIOS

Los recursos extraordinarios se distinguen por sus características procesales particulares. En primer lugar, se caracterizan por las causales taxativas para su formulación, lo que representa una diferencia significativa con respecto a los recursos ordinarios. En segundo lugar, se destacan por la posibilidad de proceder incluso frente a decisiones ejecutoriadas.

De esta manera, el recurso extraordinario de revisión procede ante sentencias ejecutoriadas dictadas por las secciones y subsecciones de la Sala de lo Contencioso Administrativo del Consejo de Estado, por los Tribunales Administrativos y por los jueces administrativos. Por otro lado, el recurso extraordinario de unificación de jurisprudencia solo es procedente contra las sentencias dictadas en única y segunda instancia por los tribunales administrativos. Este recurso debe interponerse y sustentarse por escrito ante la autoridad que expidió la providencia, a más tardar dentro de los diez (10) días siguientes a su ejecutoria.

---

382 *Ibidem.*

5.3.1. Recurso extraordinario de revisión

El recurso extraordinario de revisión tiene, en la legislación actual, dos facetas: la tradicional, cuyo objetivo principal es el restablecimiento de la justicia material del fallo impugnado, especialmente cuando ha sido afectado por circunstancias externas que no pudieron ser consideradas durante el curso del proceso correspondiente[383], y la que denominaremos como "especial", no exenta de críticas[384] y polémicas[385], frente a decisiones disciplinarias dictadas por la Procuraduría General de la Nación[386], y que quedó como un remanente de un fallido intento legislativo por tratar de convertir la función disciplinara

---

383 Consejo de Estado. Sala de lo Contencioso Administrativo. Sala Catorce Especial de Decisión. M. P. Alberto Montaña Plata. Decisión del 13 de octubre de 2020. Radicación: 11001-03-15-000-2019-00119-00(REV).

384 OSPINA GARZÓN, ANDRÉS FERNANDO. El control jurisdiccional de los fallos disciplinarios a partir de la reforma. Interrogantes, críticas y perspectivas. En: Comentarios al Nuevo Código General Disciplinario. Leyes 1952 de 2019 y 2094 de 2021. Universidad Externado de Colombia, 2022, p.393.

385 Por la decisión del Consejo de Estado de inaplicar la figura, tal como ocurrió mediante providencia del 19 de mayo de 2023. Consejo de Estado. Sala de lo Contencioso Administrativo. Sala Especial de Revisión 9. MP: Gabriel Valbuena Hernández. Auto del 19 de mayo de 2023. Radicación: 11001-03-15-000-2023-00871-00. También es referente de la diversidad de criterios sobre la figura, la siguiente providencia: Consejo de Estado. Sala Plena de lo Contencioso Administrativo. Sala Especial de Decisión No. 7. MP: Martín Bermúdez Muñoz. Auto del 8 de febrero de 2024. Radicación: 11001-03-15-000-2024-00293-00, en el que se indicó que para que procediera la revisión automática a través de esta figura, el servidor sancionado debía estar en ejercicio de sus funciones.

386 Ley 2094 de 2021, artículo 54.

de la Procuraduría en función jurisdiccional[387]. Las causales de revisión respecto de la primera faceta se encuentran detalladas en el artículo 250 del CPACA, y el plazo para su interposición generalmente será de un (1) año[388], cuyo cálculo dependerá de la causal aplicable, en tanto que las causales de la segunda se encuentran previstas en el artículo 56 de la Ley 2094 de 2021[389] y el término para su interposición en este caso, será de 30 días siguientes a la ejecutoria de la respectiva decisión disciplinaria[390], a menos que corresponda a la imposición de una sanción de destitución, suspensión e inhabilidad a servidores públicos de elección popular, caso en el cual el recurso operará de manera automática e inmediata[391].

---

387 Dado que esta modalidad de recurso extraordinario de revisión se concibió bajo el supuesto de que las funciones disciplinarias serían jurisdiccionales. Al declararse la inexequibilidad de tal normativa, quedó esta exótica figura sin una fisonomía clara.

388 Existen excepciones a este término, como los casos previstos en el artículo 20 de la Ley 797 de 2003, donde el recurso debe presentarse dentro de los cinco (5) años siguientes a la ejecutoria de la providencia judicial. En situaciones en las que ello no se requiera, dentro del mismo término contado a partir del perfeccionamiento del acuerdo transaccional o conciliatorio. Ley 1437 de 2011, artículo 251.

389 Que adicionó el artículo 238 C a la Ley 1952 de 2019.

390 Ley 2094, artículo 57. En el caso de las causales contempladas en los numerales 6 a 9 de artículo 56 de la Ley 2094, el término de los treinta (30) días se contará una vez se produzca el hecho en que se fundamenta la causal

391 Corte Constitucional. Sala Plena. MP: Juan Carlos Cortés y José Fernando Reyes. Sentencia del 16 de febrero de 2023. Sentencia C-030 de 2023.

5.3.1.1. Recurso Extraordinario de Revisión tradicional

Dado que este recurso procede frente a las sentencias ejecutoriadas dictadas por las secciones y subsecciones de la Sala de lo Contencioso Administrativo del Consejo de Estado, por los Tribunales Administrativos y por los jueces administrativos, lo que implica que el proceso judicial primigenio ha concluido, su interposición inicia un procedimiento jurisdiccional especial que requiere el cumplimiento de ciertos requisitos formales para que sea admitido. Si el recurso cumple cabalmente con estos requisitos, será admitido; de lo contrario, si se declara inadmisible, se otorgará un término de cinco (5) días para su corrección[392].

Además, existe la posibilidad de que el recurso sea rechazado en casos donde no se presente dentro del término legal establecido, cuando sea formulado por una parte que carece de legitimación para hacerlo, o si no se subsanan las deficiencias señaladas en el auto de inadmisión. Una vez formulado el recurso, no podrá reformarse debido a una expresa restricción legal, y su interposición no suspenderá el cumplimiento de la sentencia.

El auto admisorio del recurso será notificado personalmente a la otra parte y al Ministerio Público, quienes tendrán un plazo de diez (10) días para contestarlo y solicitar pruebas, advirtiéndoles que en este trámite no podrán proponer excepciones previas. En caso de que se decreten pruebas de oficio o a solicitud de alguna de las partes, se establecerá un plazo máximo de treinta (30) días para su práctica. Una vez vencido el término probatorio[393], se dictará sentencia. Si se encuentra

---

[392] Ley 1437 de 2011, artículo 253.

[393] Si bien es cierto que el artículo 255 del CPACA no establece la necesidad de otorgar un traslado después de la práctica de las pruebas, el artículo 358 de la Ley 1564 de 2012, sí establece esta oportunidad,

fundada la causal invocada, la sentencia preverá los efectos correspondientes conforme a la causal configurada. Por el contrario, si se declara infundado el recurso, se condenará al recurrente en costas y perjuicios.

5.3.1.2. Recurso extraordinario de revisión frente a decisiones disciplinarias

Mientras se unifica la posición del Consejo de Estado al respecto, el procedimiento legal establecido indica que, una vez presentado el recurso ante la Sala Especial de Decisión del Consejo de Estado o ante el Tribunal Administrativo[394], o asumido el conocimiento de manera automática e inmediata, según corresponda, se procederá al reparto para que el magistrado competente decida sobre su admisión dentro de los diez (10) días siguientes[395].

En caso de que el recurso no cumpla con los requisitos formales, será inadmitido y se otorgarán al recurrente cinco (5) días para subsanarlo, bajo pena de rechazo, a menos que se trate de la modalidad *sui géneris* del recurso automático e inmediato, en donde en estricto sentido no habrá recurso alguno, pues obedece a una revisión judicial oficiosa.

Asimismo, se procederá al rechazo cuando el recurso sea extemporáneo o cuando el recurrente carezca de legitimación para presentarlo. Una vez admitido el recurso, este auto se notificará personalmente a la Procuraduría General de la Nación,

---

que también debería ser garantizada en el ámbito contencioso administrativo.

394 Ley 2094 de 2021, artículo 55.

395 Mientras se decide esta modalidad de recurso frente a decisiones relacionadas con servidores públicos de elección popular. La sanción disciplinaria quedará suspendida.

para que la misma lo conteste dentro del término de los cinco (5) días siguientes y solicite las pruebas que considere pertinentes. No se podrán proponer excepciones previas[396].

En caso de que se decreten pruebas de oficio o a solicitud de parte, se señalará un plazo máximo de veinte (20) días para su práctica. Transcurrido el período probatorio, si lo hubiere, se dictará la sentencia correspondiente. En todo caso, la decisión de este recurso no podrá exceder el plazo de seis (6) meses contados desde su admisión. Para tal efecto, este recurso tendrá prelación sobre otros asuntos que le correspondan conocer a la respectiva Sala Especial o el Tribunal, salvo las acciones constitucionales[397].

Si el competente encuentra fundada alguna de las causales de revisión, dejará sin validez la decisión recurrida y dictará la que en derecho corresponda. En la sentencia que invalide la decisión revisada se resolverá sobre los perjuicios y demás consecuencias que puedan derivarse de aquella. Si en el expediente no existieren pruebas para condenar en concreto, esta se hará en abstracto y se dará cumplimiento a lo dispuesto en el artículo 193 de la Ley 1437 de 2011.

5.3.2. Recurso extraordinario de unificación de jurisprudencia

Como lo indica el artículo 256 del CPACA, el recurso extraordinario de unificación de jurisprudencia tiene como objetivo asegurar la unidad en la interpretación del derecho, garantizar su aplicación uniforme y proteger los derechos de las partes y terceros perjudicados por la providencia recurrida.

---

396 De igual forma, cuando sea la modalidad de recurso automático e inmediato, no habrá recurso qué contestar.

397 Ley 2094 de 2021, artículo 60.

Además, busca reparar los agravios sufridos por estos sujetos procesales cuando sea pertinente[398].

Este recurso procede contra las sentencias emitidas en única y segunda instancia por los tribunales administrativos, a excepción de aquellas que se dicten en el marco de la "acción" de tutela, de cumplimiento, popular o de grupo, cuando la sentencia impugnada contradiga o se oponga a una sentencia de unificación del Consejo de Estado.

En los casos en los que las sentencias involucren aspectos patrimoniales o económicos, la procedencia del recurso estará vinculada a la cuantía de la condena o, en su defecto, a las pretensiones de la demanda, excepto en los procesos de nulidad y restablecimiento del derecho de carácter laboral y pensional[399].

Están facultados para interponer el recurso tanto las partes como los terceros procesales que hayan sido perjudicados por la providencia, debiendo actuar a través de un apoderado. No podrá interponer el recurso aquel que no haya apelado la sentencia de primer grado ni se haya adherido a la apelación de la otra parte, en casos donde el fallo de segundo grado sea meramente confirmatorio de la sentencia de primera instancia.

Si el recurso se interpone y sustenta dentro del plazo establecido, que es, a más tardar dentro de los diez (10) días siguientes a su ejecutoria, el ponente lo concederá en un plazo máximo de cinco (5) días y ordenará remitir el expediente al órgano competente para su resolución. En caso contrario, el recurso será rechazado o declarado desierto. La concesión del recurso no impide la ejecución de la sentencia, excepto cuando ambas partes y los terceros reconocidos en el proceso la hayan recurrido en su totalidad. Sin embargo, cuando el recurso

---

398 Ley 1437 de 2011, artículo 256.

399 Ley 1437 de 2011, artículo 257.

no abarque todas las decisiones, se llevará a cabo la ejecución de las partes no recurridas[400].

Cuando el recurrente sea único, podrá solicitar la suspensión del cumplimiento de la sentencia. Para ello, deberá prestar una caución dentro de los diez (10) días siguientes a la notificación del auto que ordene la suspensión, a fin de responder por los perjuicios que pudieran ocasionarse. La naturaleza y el monto de la caución serán determinados por el magistrado ponente. Si la caución prestada es adecuada, se decretará la suspensión del cumplimiento de la sentencia en el mismo auto que concede el recurso. Por el contrario, si el recurrente no otorga la caución en los términos indicados, el recurso continuará su trámite, pero la ejecución de la sentencia no se suspenderá[401].

Una vez recibido el expediente, este será sometido a reparto en el Consejo de Estado para que el magistrado ponente designado decida sobre su admisión. Si el recurso cumple con los requisitos legales, el magistrado lo admitirá; de lo contrario, señalará los defectos para que el recurrente los subsane en un término de cinco (5) días. Si el recurrente no realiza las correcciones necesarias en el tiempo indicado, el recurso será rechazado y el expediente será devuelto al despacho de origen[402].

El recurso se rechazará de plano y se condenará en costas al recurrente, cuando no se fundamente directamente en una sentencia de unificación jurisprudencial o cuando sea evidente que esta no es aplicable al caso. Además, el recurso también será rechazado si es improcedente a pesar de haber sido concedido.

---

[400] Ley 1437 de 2011, artículo 261.

[401] Ley 1437 de 2011, artículo 264.

[402] Ley 1437 de 2011, artículo 265.

En el auto que admita el recurso, se ordenará dar traslado por un término de quince (15) días para que los opositores y el Ministerio Público, si este no es el recurrente, presenten sus argumentos.

Una vez transcurrido este término, el ponente, dentro de los diez (10) siguientes, podrá citar a las partes a una audiencia que se llevará a cabo dentro de los treinta (30) días siguientes a la ejecutoria del auto que la señale. En esta audiencia, cada parte tendrá un tiempo de veinte (20) minutos para exponer sus argumentos sobre los asuntos pertinentes[403].

Si la audiencia se celebra o si se declara fallida debido a la no comparecencia de las partes, el ponente deberá presentar un proyecto de decisión, en caso de que la sentencia deba ser dictada, dentro de los cuarenta (40) días siguientes.

Si el recurso es exitoso, total o parcialmente, la sala anulará, en la medida necesaria, la providencia recurrida y dictará una nueva sentencia o tomará las decisiones correspondientes. En caso de que el recurso sea desestimado, se condenará al recurrente en costas[404]. Es posible desistir del recurso, en los términos del artículo 268 del CPACA.

5.4. MECANISMO DE EVENTUAL REVISIÓN

La revisión eventual es una figura procesal que persigue unificar la jurisprudencia en los procesos destinados a proteger los derechos e intereses colectivos y a reparar los daños causados a un grupo. Su objetivo es lograr que la ley se aplique de manera igualitaria ante situaciones fácticas y jurídicas

---

403 Ley 1437 de 2011, artículo 266.

404 Ley 1437 de 2011, artículo 267.

similares[405]. A diferencia de lo que sucede con un recurso, el Consejo de Estado tiene la facultad de optar por no seleccionar cierta providencia para su revisión, lo que justifica su denominación como "eventual revisión".

La revisión eventual procederá, a solicitud de parte o del Ministerio Público, contra las sentencias o providencias que determinen la finalización o archivo de los procesos destinados a proteger los derechos e intereses colectivos y a reparar los daños causados a un grupo, en tanto se profieran por los Tribunales Administrativos y no sean susceptibles de recurso de apelación ante el Consejo de Estado.

Procederá la revisión eventual cuando la providencia objeto de la solicitud de revisión presente contradicciones o divergencias interpretativas, sobre el alcance de la ley aplicada entre tribunales o cuando se oponga a una sentencia de unificación del Consejo de Estado o a jurisprudencia reiterada de esta Corporación[406].

La petición para la revisión eventual deberá presentarse dentro de los ocho (8) días siguientes a la ejecutoria de la sentencia o providencia que ponga fin al respectivo proceso. En la petición, se deberá incluir una exposición razonada sobre las circunstancias que justifican la revisión, y se deberá adjuntar copia de las providencias relacionadas con la solicitud.

Los Tribunales Administrativos están obligados, dentro del plazo de ocho (8) días a partir de la radicación de la petición, a remitir el expediente correspondiente a la sección correspondiente del Consejo de Estado. A partir de la recepción del expediente, el Consejo de Estado tiene un plazo máximo de tres (3) meses para resolver la petición de revisión mediante un auto debidamente fundamentado.

---

405 Ley 1437 de 2011, artículo 272.

406 Ley 1437 de 2011, artículo 273.

En el caso de que se decida no seleccionar una determinada providencia para revisión, cualquiera de las partes o el Ministerio Público puede insistir en su petición dentro de los cinco (5) días siguientes a la notificación de dicha decisión. Tanto la decisión de selección o no selección como la resolución de la insistencia deben ser debidamente fundamentadas.

La sentencia sobre las providencias seleccionadas para revisión será emitida por la sección correspondiente designada por el reglamento según su especialidad, con el carácter de Sentencia de Unificación, dentro de los seis (6) meses siguientes a la fecha de su selección.

En caso de que la revisión prospere, total o parcialmente, se invalidará, en lo que corresponda, la sentencia o el auto impugnado, y se emitirá una nueva providencia o se tomarán las disposiciones necesarias, según sea el caso. Si la sentencia impugnada se cumplió total o parcialmente, la Sentencia de Unificación dejará sin efectos los actos procesales realizados y ordenará al juez inferior que ejecute las órdenes de restitución y tome las medidas apropiadas a que haya lugar[407]. Es importante destacar que la presentación de la solicitud y el proceso de revisión eventual no suspenden la ejecución de la providencia objeto de la misma.

---

407 Ley 1437 de 2011, artículo 274.

Capítulo 6

La sentencia judicial

6.1. INTRODUCCIÓN

La sentencia judicial, sin duda, representa el pináculo del derecho de acción, ya que es el instrumento que materializa el propósito fundamental de la función jurisdiccional: la administración de justicia.

La sentencia no solo debe cumplir con requisitos formales, sino que, de manera primordial, debe cumplir con requisitos sustanciales que le otorguen legitimidad y que permitan alcanzar el objetivo del proceso judicial: resolver la controversia y, en última instancia, promover la paz social. Por tanto, es de suma importancia estudiar los requisitos, la estructura, las características procesales y los efectos de la sentencia judicial. Es a través de este análisis que se comprende su verdadero valor como herramienta para la realización de la justicia en una sociedad.

6.2. APROXIMACIÓN CONCEPTUAL

La sentencia es la providencia judicial cuyo objetivo principal es decidir sobre el fondo de las pretensiones o resolver el conflicto planteado. Según lo establecido en el artículo 278 de la Ley 1564 de 2012, son consideradas sentencias aquellas providencias que deciden sobre las pretensiones de la demanda, las excepciones de mérito en cualquier instancia, las que resuelven el incidente de liquidación de perjuicios, así como aquellas que deciden los recursos de casación y revisión[408].

Además, en el ámbito contencioso administrativo, existen otras posibilidades procesales que pueden ser consideradas como sentencias, como por ejemplo los casos de sentencia anticipada, las decisiones sobre el recurso de unificación de jurisprudencia, la eventual revisión o el control inmediato de legalidad, entre otras. Estas distintas modalidades amplían el espectro de situaciones en las cuales una providencia judicial puede ser calificada como sentencia.

6.3. CONTENIDO Y FORMALIDADES

El artículo 187 del CPACA y los artículos 279 y 280 de la Ley 1564 de 2012 establecen los principales requisitos y formalidades que debe cumplir una sentencia judicial. Desde el punto de vista formal, se exige que la sentencia escrita contenga el encabezado con la denominación del juzgado o corporación, seguido del lugar y la fecha en que se pronuncia[409]. La parte resolutiva debe emitirse bajo la fórmula "administrando justicia en nombre de la República de Colombia y por autoridad de la ley", y finalizar con la firma del juez o los magistrados correspondientes[410].

La sentencia debe estar debidamente motivada, incluyendo un breve resumen de la demanda y su contestación, así como un análisis crítico de las pruebas y de los razonamientos legales, de equidad y doctrinarios necesarios para fundamentar las conclusiones, así como deberá ser congruente con los hechos

---

408 Ley 1564 de 2012, artículo 278.

409 Ley 1564 de 2012, artículo 279.

410 Ley 1564 de 2012, artículo 280.

y pretensiones[411]. Este análisis debe ser breve, preciso y citar los textos legales aplicables.

En la sentencia se resolverán las excepciones propuestas y cualquier otra que el juez encuentre probada. La parte resolutiva debe contener una decisión expresa y clara sobre cada una de las pretensiones de la demanda, las excepciones (cuando sea necesario resolver sobre ellas), las costas y perjuicios a cargo de las partes y sus apoderados, y otros asuntos conforme a lo dispuesto en las leyes que corresponda[412].

Lo anterior indica que la condena al pago de frutos, intereses, mejoras, perjuicios u otra cosa semejante, se hará en la sentencia por cantidad y valor determinados, y solo por vía de excepción, la condena se hará en abstracto por falta de establecimiento de su cuantía durante el proceso, caso en el cual se liquidarán mediante un incidente que el interesado deberá promover dentro de los sesenta (60) días siguientes a la ejecutoria de la sentencia o a la fecha de notificación del auto de obedecimiento al superior, según corresponda. El derecho caducará si vence este plazo y el juez rechazará de plano la liquidación extemporánea[413].

---

411 Ley 1564 de 2012, artículo 281.

412 En ese sentido, por ejemplo, dispone el parágrafo del artículo 187 del CPACA, adicionado por el artículo 61 de la Ley 2195, que cuando la sentencia sea declaratoria de responsabilidad en los medios de control de reparación directa y controversias contractuales y el daño haya sido causado por un acto de corrupción, el juez deberá imponer, adicional al daño probado en el proceso, multa al responsable hasta de mil (1.000) salarios mínimos mensuales legales vigentes, la cual atenderá a la gravedad de la conducta, el grado de participación del demandado y su capacidad económica. Igualmente señala esta disposición que en la sentencia se deberán decretar las medidas cautelares que garanticen el pago de la sanción.

413 Ley 1437 de 2011, artículo 193.

6.4. NOTIFICACIÓN DE LA SENTENCIA

Las sentencias serán notificadas dentro de los tres (3) días siguientes a su fecha mediante el envío de su texto a través de mensaje al buzón electrónico para notificaciones judiciales y según el artículo 203 del CPACA, se entenderá que la notificación se ha realizado en esa fecha[414].

Sin embargo, es importante destacar que el artículo 205 del CPACA, modificado por el artículo 52 de la Ley 2080 de 2021, establece que la notificación electrónica de las providencias se considerará realizada dos (2) días hábiles después del envío del mensaje, y los plazos comenzarán a correr al día siguiente de la notificación. Por lo tanto, una interpretación sistemática y garantista de estas disposiciones lleva a concluir que la notificación de la sentencia escrita se considerará efectuada dos días hábiles después del envío del mensaje de datos, a partir del cual comenzarán a correr los plazos de ejecutoria. Para aquellos a quienes no se les deba o pueda notificar por vía electrónica, se les notificará mediante anotación en estado.

6.5. ACLARACIÓN, ADICIÓN Y CORRECCIÓN DE LA SENTENCIA

Aunque la sentencia en principio no es reformable ni revocable por el juez que la emitió, la ley establece la posibilidad de aclararla, corregirla o adicionarla cuando se presentan circunstancias que lo ameritan. En ese sentido, La Ley 1564 de 2012 contempla tres figuras para tal propósito: la aclaración, la corrección y la adición de la sentencia.

---

414 Sin embargo, deben tenerse presente las regulaciones especiales que pude haber sobre la materia.

La sentencia puede ser aclarada, ya sea de oficio o a solicitud de parte, dentro del término de ejecutoria, cuando contiene conceptos o frases que generan verdadera incertidumbre, siempre y cuando estén incluidos en la parte resolutiva de la sentencia o influyan en ella. La providencia que resuelva sobre la aclaración no admite recursos, pero durante su ejecutoria se pueden interponer los que correspondan contra la providencia objeto de aclaración[415].

Mención especial merece el caso de la aclaración de la sentencia en materia electoral, dado que la normativa especial establece que esta podrá ser solicitada por las partes o el Ministerio Público dentro de los dos (2) días siguientes a su notificación, mediante auto no susceptible de recursos[416].

La sentencia puede ser corregida mediante auto por el juez que la dictó, de oficio o a solicitud de parte, en cualquier momento, cuando se haya incurrido en un error puramente aritmético. Si la corrección se realiza después de terminado el proceso, el auto se notificará por aviso. También procederá la corrección de la sentencia por error u omisión, alteración o cambio de palabras, siempre y cuando estén contenidos en la parte resolutiva del fallo o influyan en ella[417].

La sentencia puede ser adicionada mediante una sentencia complementaria dentro del término de ejecutoria, cuando omita resolver sobre alguno de los aspectos de la litis o cualquier otro punto que, de acuerdo con la ley, debía ser objeto de pronunciamiento. También procede cuando no se haga una condena en concreto, disponiendo de los elementos

---

415 Ley 1564 de 2012, artículo 285.

416 Ley 1437 de 2011, artículo 290.

417 Ley 1564 de 2012, artículo 286.

necesarios para ello. Tal decisión puede ser adoptada de oficio o a solicitud de parte, dentro del término legal[418].

El juez de segunda instancia deberá complementar la sentencia del inferior siempre que la parte perjudicada con la omisión haya apelado. Si dejó de resolver sobre la demanda de reconvención o la de un proceso acumulado, devolverá el expediente para que se dicte una sentencia complementaria. Dentro del término de ejecutoria de la providencia que resuelva sobre la complementación también se puede recurrir la providencia principal.

6.6. EFECTOS DE LA SENTENCIA

Los efectos de la sentencia en materia contenciosa administrativa son de la más variada índole, pues dependen del medio de control que haya dado origen al proceso, la naturaleza de la pretensión o del conflicto. Por esta razón se hace necesario identificar los casos más emblemáticos en aras de establecer los efectos de la decisión judicial.

6.6.1. Efectos de la declaración de nulidad del acto administrativo

El artículo 189 del CPACA establece una primera aproximación con respecto a los efectos de la sentencia que declare la nulidad de un acto administrativo. En este sentido, dispone que dicha sentencia tendrá fuerza de cosa juzgada erga omnes, mientras que la sentencia que niegue la nulidad producirá los mismos efectos, pero solo en relación con la causa petendi juzgada[419].

---

418 Ley 1564 de 2012, artículo 287.

419 Ley 1437 de 2011, artículo 189.

Esto resulta evidente, dado que la declaración de nulidad de un acto administrativo implica su exclusión del ordenamiento jurídico debido a la acreditación de un vicio invalidante. En consecuencia, esta declaración surte efectos frente a todas las personas y conlleva la imposibilidad de iniciar un nuevo proceso para solicitar nuevamente su anulación.

Por la misma razón, cuando se niega la solicitud de nulidad, el efecto de cosa juzgada mencionado solo recaerá sobre lo que fue objeto de pronunciamiento en la sentencia, es decir, sobre los vicios y cargos formulados.

La norma en cuestión también prevé que las sentencias que declaren la legalidad de las medidas revisadas en ejercicio del control inmediato de legalidad solo producirán efectos erga omnes en relación con las normas jurídicas superiores que fueron objeto de examen. Esto permitiría una revisión posterior del acto mediante el ejercicio del derecho de acción, siempre y cuando los cargos se fundamenten en la vulneración de normas distintas a las que fueron objeto de revisión oficiosa.

La disposición mencionada señala que cuando se declare la nulidad total o parcial de una ordenanza, acuerdo distrital o municipal, sus decretos reglamentarios quedarán sin efecto. Este aspecto constituye un ejemplo característico de la pérdida de fuerza ejecutoria de los actos administrativos.

No obstante, lo anterior, en ningún artículo del CPACA se contempló una disposición que prevea los efectos temporales de la sentencia de nulidad, es decir, si estos efectos son hacia el futuro (*ex nunc*) o retroactivos (*ex tunc*), excepto lo establecido en el inciso 3° de dicha disposición con respecto a los efectos hacia el futuro de las sentencias de nulidad en el contexto del medio de control de nulidad por inconstitucionalidad.

Lo antedicho obliga a realizar una precisión: una cosa es la declaración de nulidad de un acto administrativo de carácter general en el marco del medio de control de nulidad, y otra, bien distinta, la nulidad de un acto administrativo particular en el marco del medio de control de nulidad y restablecimiento del derecho.

En este sentido, la jurisprudencia del Consejo de Estado ha establecido que los efectos de los fallos que declaran la nulidad son, en principio, retroactivos, es decir, *ex tunc*[420]. Esto significa que afectan situaciones jurídicas que surgieron del acto declarado nulo y que no están consolidadas, ya sea porque están cuestionadas en sede administrativa o judicial.

Sin embargo, si estas situaciones ya están consolidadas, los efectos del fallo serán hacia el futuro, es decir, ex nunc. Este principio cobra mayor relevancia cuando se considera que la nulidad de un acto de carácter general no conlleva automáticamente la nulidad de los actos particulares derivados de él[421].

Por otra parte, si lo que se cuestiona es un acto administrativo de carácter particular en el marco del medio de control de nulidad y restablecimiento del derecho, no queda duda de que la declaración de nulidad traerá consigo efectos retroactivos. Esto se debe a que esa será precisamente la condición necesaria para el restablecimiento del derecho, procurando dejar las cosas como estaban, a menos que la ley, como ocurre en el evento descrito en el artículo 38 de la Ley 142 de 1994, prevea lo contrario.

---

420 Consejo de Estado. Sala de lo Contencioso Administrativo. Sección Segunda. Subsección A. MP: Luís Rafael Vergara Quintero. Sentencia del 10 de diciembre de 2015. Radicación: 13001-23-31-000-2001-00817-01(1723-11).

421 Consejo de Estado. Sala Plena de lo Contencioso Administrativo. Sala Novena Especial de Decisión. M. P. Gabriel Valbuena Hernández. Sentencia del 13 de agosto de 2021. Radicación: 66001-33-33-001-2012-00141-01 (AG)REV.

Si se trata de un acto administrativo de carácter particular cuestionado a través del medio de control de nulidad, deben recordarse las previsiones del artículo 137 del CPACA, sobre su procedencia, y lo más importante, lo que de tal normativa se desprende respecto de los efectos de la declaración de nulidad.

A su turno, el tercer inciso del artículo 189 del CPACA establece una disposición de singular importancia en torno a las medidas que se pueden adoptar para garantizar el restablecimiento del derecho, indicando que, para tal propósito, la Jurisdicción de lo Contencioso Administrativo podrá estatuir disposiciones nuevas en reemplazo de las acusadas y modificar o reformar estas, lo que no conlleva a vulneración alguna al principio de congruencia, dada la facultad legal expresa que para ello tiene el juez[422].

6.6.2. Efectos de la sentencia en otros campos

La sentencia dictada en procesos relativos a contratos, reparación directa y cumplimiento producirá efectos de cosa juzgada frente a otro proceso que tenga el mismo objeto y la misma causa y siempre que entre ambos haya identidad jurídica de partes[423]. La sentencia proferida en procesos de restablecimiento del derecho aprovechará a quien hubiere intervenido en ellos y obtenido esta declaración a su favor.

---

422 Consejo de Estado. Sala de lo Contencioso Administrativo. Sección Cuarta. M. P. Hugo Fernando Bastidas Bárcenas. Sentencia del 4 de febrero de 2016. Radicación: 25000-23-27-000-2009-00235-01(18551). En el mismo sentido: Consejo de Estado. Sala de lo Contencioso Administrativo. Sección Segunda. Subsección A. M. P. Gustavo Eduardo Gómez Aranguren. Sentencia del 26 de marzo de 2014. Radicación: 11001-03-25-000-2013 00117-00(0263-13).

423 Ley 1437 de 2011, artículo 189.

En la sentencia de reparación directa en la que se ordene reparar el daño por ocupación de inmueble ajeno se deducirá del total de la indemnización la suma que las partes hayan calculado como valorización por el trabajo realizado, a menos que ya hubiera sido pagada la mencionada contribución[424].

En esta clase de procesos, cuando se condenare a la entidad pública o a una privada que cumpla funciones públicas al pago de lo que valga la parte ocupada del inmueble, la sentencia protocolizada y registrada obrará como título traslaticio de dominio.

Si se tratara de ocupación permanente de una propiedad inmueble, y se condenará a una entidad pública, o a una entidad privada que cumpla funciones públicas al pago de lo que valga la parte ocupada, la sentencia protocolizada y registrada obrará como título traslaticio de dominio[425].

En el medio de control para la protección de los derechos e intereses colectivos la sentencia tendrá efectos de cosa juzgada respecto de las partes y el público general, salvo cuando surjan con posterioridad a la sentencia desestimatoria, nuevas y trascendentales pruebas que pudieran variar la decisión anterior[426].

En materia de reparación a los perjuicios causados a un grupo, la sentencia tendrá efectos de cosa juzgada en relación con quienes fueron parte del proceso y de las personas que, perteneciendo al grupo interesado no manifestaron oportuna y expresamente su decisión de excluirse del grupo y de las resultas del proceso[427].

---

424 Ley 1437 de 2011, artículo 190.

425 Ley 1437 de 2011, artículo 191.

426 Corte Constitucional. Sala Plena. M. P. Rodrigo Escobar Gil. Sentencia del 14 de agosto de 2007. Sentencia C-622 de 2007.

427 Ley 472 de 1998, artículo 66.

En el caso de la nulidad electoral, las consecuencias de la sentencia se encuentran asociadas a la causal de nulidad invocada, que según las voces del artículo 288 del CPACA, pueden conducir a repetir o realizar la elección en el puesto de votación afectado o en toda la circunscripción electoral, disponer la nulidad de la elección y la cancelación de la credencial, declarando la elección de quien resulte elegido, disponer la anulación del candidato, o practicar nuevo escrutinio, según corresponda[428].

---

428 Ley 1437 de 2011, artículo 288.

Bibliografía

ALSINA, Hugo. Tratado teórico-práctico de derecho procesal civil y comercial, 2ed. Buenos Aires: Ediar, 1963.

ARMIENTA CALDERÓN, Gonzalo. La acción contencioso administrativa. En: Derecho procesal moderno. Universidad Pontificia Bolivariana, 1988.

DEVIS ECHANDÍA, Hernando. Compendio de Derecho Procesal, 8ª ed. Bogotá: ABC. 1981.

EXPÓSITO VÉLEZ, Juan Carlos. El juez de lo contencioso administrativo y el contrato estatal. En: Horizontes del Contencioso Administrativo, T. II. El Contencioso Jurisdiccional. Universidad Externado de Colombia, 2022.

GIRALDO CASTAÑO, Óscar Aníbal. Derecho Administrativo General. Señal Editora, 2010.

GONZÁLEZ RODRÍGUEZ, Miguel. Derecho Procesal Administrativo, Universidad Libre, Colombia, 2007.

HENAO, Juan Carlos. Las formas de reparación en la responsabilidad del Estado: hacia su unificación sustancial en todas las acciones contra el Estado. En: La responsabilidad extracontractual del Estado. Universidad Externado de Colombia, 2015.

HINESTROSA, Fernando. Tratado de las Obligaciones II. Vol. II. Universidad Externado de Colombia, 2016.

OSPINA FERNÁNDEZ, Guillermo y OSPINA ACOSTA, Eduardo. Teoría general del contrato y los demás actos o negocios jurídicos. Bogotá: Temis, 1994.

OSPINA GARZÓN, Andrés Fernando. La justicia administrativa para la paz o los "medios de control para la paz". En: La constitucionalización del derecho administrativo. El derecho administrativo para la paz, Tomo. II, Universidad Externado de Colombia, 2016.

OSPINA GARZÓN, Andrés Fernando. El control jurisdiccional de los fallos disciplinarios a partir de la reforma. Interrogantes, críticas y perspectivas. En: Comentarios al Nuevo Código General Disciplinario. Leyes 1952 de 2019 y 2094 de 2021. Universidad Externado de Colombia, 2022.

PALACION HINCAPIÉ, Juan Ángel. Derecho Procesal Administrativo. Librería Jurídica Sánchez, 2004.

QUINTERO, Beatriz y PRIETO, Eugenio. Teoría general del proceso. Bogotá: Temis, 2000.

RAMIREZ ARCILA, Carlos. Teoría de la acción. Bogotá: Temis, 1969.

RINCÓN CÓRDOBA, Jorge Iván. Las sentencias estructurales derivadas de las acciones populares y la desnaturalización del juez: la difícil línea entre impartir justicia y formular políticas públicas. En: Horizontes del Contencioso Administrativo, T. II. El contencioso administrativo jurisdiccional. Universidad Externado de Colombia, 2022.

ROJAS LÓPEZ, Juan Gabriel. Los presupuestos procesales en el derecho procesal administrativo, 4ed. Medellín: Librería Jurídica Sánchez, 2021.

ROJAS LÓPEZ, Juan Gabriel. Cargas y trabas en el acceso a la Jurisdicción de lo Contencioso Administrativo. En: Horizontes del Contencioso Administrativo, T. II. Bogotá: Universidad Externado de Colombia.

———. Responsabilidad extracontractual del Estado por los actos administrativos. En: La responsabilidad extracontractual del Estado. Universidad Externado de Colombia, 2015.

———. Derecho administrativo sancionador. Entre el control social y la protección de los derechos fundamentales. Bogotá: Universidad Externado de Colombia, 2020.

———. La acción procesal. En: Derecho Procesal Contemporáneo. Medellín: Universidad de Medellín, 2010.

———. Por un régimen unitario de mecanismos de control judicial a la Administración pública. Medellín: Comlibros, 2007.

SANTAELLA QUINTERO, Héctor. Debates y dilemas en materia de control judicial del acto administrativo en tiempos del Código de Procedimiento Administrativo y de lo Contencioso Administrativo. En: Balance, reforma y perspectivas del Código de Procedimiento Administrativo (Ley 1437 de 2011) en su décimo aniversario. Universidad Externado de Colombia, 2022.

SANTOFIMIO GAMBOA, Jaime Orlando. Compendio de Derecho Administrativo. Universidad Externado de Colombia, 2017.

SANTOFIMIO GAMBOA, Jaime Orlando. Tratado de Derecho Administrativo, T III. Universidad Externado de Colombia, 2004.

Sentencias judiciales

Consejo de Estado. Sala Plena de la Contencioso Administrativo. Sentencia del 3 de marzo de 2003, Radicación número: 11001-03-24-000-1999-05683-02(IJ-030).

Consejo de Estado. Sala de lo Contencioso Administrativo. Sección Cuarta. M. P. Consuelo Sarria Olcos. Sentencia del 9 de junio de 1995. Expediente: 24-CE-SEC4-EXP1995-N5667.

Consejo de Estado. Sala de lo Contencioso Administrativo. Sección Primera. M. P. Libardo Rodríguez Rodríguez. Sentencia del 19 de febrero de 1998. Radicación: CE-SEC1-EXP1998-N4200 (250537).

Consejo de Estado. Sala Plena de lo Contencioso Administrativo. M. P. Manuel Santiago Urueta Ayola. Auto del 1º de enero de 1998. Radicación: 64-CE-SP-EXP1998-NAI042 (244885).

Consejo de Estado. Sala de lo Contencioso Administrativo. Sección Primera. M. P. Juan Alberto Polo Figueroa. Sentencia del 16 de octubre de 1997. Radicación: CE-SEC1-EXP1997-NAI025 (242316)

Consejo de Estado. Sala de lo Contencioso Administrativo. Sección Primera. M. P. Ernesto Rafael Ariza. Sentencia del 27 de noviembre de 1997. Radicación: CE-SEC1-EXP1997-NAI016 (242315).

Consejo de Estado. Sala de lo Contencioso Administrativo. Sección Primera. M. P. Roberto Augusto Serrato. Auto del 15 de diciembre de 2021. Radicación: 1001-03-24-000-2021-00877-00.

Consejo de Estado. Sala de lo Contencioso Administrativo. Sección Primera: M. P. Roberto Augusto Serrato. Auto del 30 de septiembre de 2021. Radicación: 11001-03-24-000-2021-00438-00.

Consejo de Estado. Sala de lo Contencioso Administrativo. Sección Primera. M. P. Hernando Sánchez Sánchez. Auto del 17 de marzo de 2019. Radicación: 11001-03-24-000-2018-00342-00.

Consejo de Estado. Sala de lo Contencioso Administrativo. Sección Primera. M. P. Nubia Margoth Peña. Auto del 10 de diciembre de 2021. Radicación: 11001-03-24-000-2021-00834-00.

Consejo de Estado. Sala de lo Contencioso Administrativo. Sección Primera. M. P. Oswaldo Giraldo López. Auto del 1º de diciembre de 2021. Radicación: 11001-03-24-000-2021-00264-00.

Consejo de Estado. Sala de lo Contencioso Administrativo. Auto del 12 de abril de 2021. M. P. Martín Bermúdez Muñoz, Radicación: 11001-03-26-000-2017-00131-00

Consejo de Estado. Sala de lo Contencioso Administrativo. Sección Tercera. M. P. Martha Nubia Velásquez. Auto del 22 de octubre de 2021. Radicación: 11001-03-26-000-2016-00015-00.

Consejo de Estado. Sala de lo Contencioso Administrativo. Sección Primera: M. P. Oswaldo Giraldo López. Auto del 13 de octubre de 2021. Radicación: 11001-03-24-000-2021-00158-00.

Consejo de Estado. Sala Plena de lo Contencioso Administrativo. M. P. Roberto Augusto Serrato. Sentencia del 7 de septiembre de 2021. Radicación: AI 11001-03-24-000-2018-00441-00, y el Decreto 92 de 2017, emitido en reglamentación directa del artículo 355 (Demanda en trámite radicado:11001032600020180011300)

Consejo de Estado. Sala de lo Contencioso Administrativo. Sección Quinta. M. P. Rocío Araújo Oñate. Sentencia del 15 de julio de 2021. Radicación: 11001-03-15-000-2021-02232-00AC.

Consejo de Estado. Sala Plena de lo Contencioso Administrativo. M. P. Roberto Augusto Serrato. Sentencia del 19 de abril de 2021. 11001-03-15-000-2020-01399-00 .CA.

Consejo de Estado. Sala Plena de lo Contencioso Administrativo. M. P. Roberto Augusto Serrato. Sentencia del 17 de febrero de 2021. Radicación: 11001-03-15-000-2020-01204-00, CA ACUMULADOS 11001-03-15-000-2020-01713-00 y 1100.

Consejo de Estado. Sala 17 de Decisión Especial. M. P. Jaime Enrique Rodríguez. Auto del 2 de julio de 2020. Radicación: 11001-03-15-000-2020-02777-00.

Consejo de Estado. Sala de lo Contencioso Administrativo. Sección Cuarta. M. P. Delio Gómez Leiva. Sentencia del 29 de abril de 1994. NR: 241651.

Consejo de Estado. Sala de lo Contencioso Administrativo. Sección Segunda. M. P. Luís Rafael Vergara. Sentencia del 30 de junio de 2011. Radicado: 11001-03-25-000-2009-00031-00(0658-09).

Consejo de Estado. Sala de lo Contencioso Administrativo. Sección Primera. M. P. Gloria Inés Navarrete. Sentencia del 18 de mayo de 2000. Radicación: CE-SEC1-EXP2000-N5578 (252183).

Consejo de Estado. Sala Plena de lo Contencioso Administrativo. M. P. Daniel Suárez Hernández. Sentencia del 18 de junio de 1998. Radicación: CE-SEC3-EXP1998-N11120 (241951).

Consejo de Estado, Sentencia de 14 de noviembre de 1962, M. P. Carlos Gustavo Arrieta.

Consejo de Estado. Sala Plena de lo Contencioso Administrativo. Sala Veintiséis Especial de Decisión. Sentencia del 18 de diciembre de 2020. M. P. Guillermo Sánchez Luque. Radicación: 11001-03-15-000-2020-01715-00(CA).

Consejo de Estado. Sala Plena de lo Contencioso Administrativo. Sala Trece Especial de Decisión. Sentencia del 30 de noviembre de 2021. M. P. Myriam Stella Gutiérrez. Radicación: 11001-03-15-000-2020-03368-00 CA.

Consejo de Estado. Sala de lo Contencioso Administrativo. Sección Primera. M. P. Oswaldo Giraldo López. Auto del 29 de octubre de 2020. Radicación: 68001-23-33-000-2019-00069-3.

Consejo de Estado, Sala de lo Contencioso Administrativo. Sección Primera. M. P. Roberto Serrato Valdés. Sentencia de Unificación Jurisprudencial del 11 de diciembre de 2015. Radicación: 25000-23-24-000-2006-01002-01.

Consejo de Estado. Sala de lo Contencioso Administrativo. M. P. Marco Antonio Velilla. Sentencia del 20 de febrero de 2014. Radicado: 2005-00348.

Consejo de Estado. Sala de lo Contencioso Administrativo. Sección Primera. Sentencia de 23 de julio de 2015. M. P. María Claudia Rojas Lasso. Rad.: 2005-04046.

Consejo de Estado. Sala de lo Contencioso Administrativo. Sección Primera. M. P. Rafael E. Ostau de Lafont Pianeta. Sentencia del 24 de enero de 2008. Radicación número: 11001-03-24-000-2002-00442-01).

Consejo de Estado. Sala de lo Contencioso Administrativo. Sección Primera. M. P. Roberto Serrato Valdés. Auto del 28 de septiembre de 2017. Radicación número: 11001-03-24-000-2011-00258-00). Esta decisión es importante, además, porque se admite el desistimiento de la pretensión.

Consejo de Estado. Sala de lo Contencioso Administrativo. Sección Primera. M. P. Rafael E. Ostau de Lafont Pianeta. Sentencia del 15 de septiembre de 2011. Radicación número: 11001-03-24-000-2004-00155-01.

Consejo de Estado. Sala de lo Contencioso Administrativo. Sección Cuarta. M. P. Stella Jeannette Carvajal. Sentencia del 11 de febrero de 2021. Radicación: 1001-03-15-000-2020-05125-00.

Consejo de Estado. Sala Plena de lo Contencioso Administrativo. M. P. María Adriana Marín. Sentencia del 11 de febrero de 2020. Radicación: 11001-03-15-000-2019-00911-01(PI).

Consejo de Estado. Sala de lo Contencioso Administrativo. Sala Especial de Decisión de Pérdida de Investidura. M. P. Gabriel Valbuena Hernández. Sentencia del 25 de septiembre de 2019. Radicación: 11001-03-15-000-2019-02135-00(PI).

Consejo de Estado. Sala de lo Contencioso Administrativo. Sección Quinta. M. P. Susana Buitrago Valencia. Sentencia del 6 de julio de 2009. Radicación: 11001-03-28-000-2006-00115-00.

Consejo de Estado. Sala Plena de lo Contencioso Administrativo. M. P. Rodrigo Arenas Monsalve. Sentencia del 19 de enero de 2010. radicación: 11001031500020090070800(PI).

Consejo de Estado. Sala de lo Contencioso Administrativo. Sala Veintitrés Especial de Decisión. M. P. Carlos Alberto Moreno. Sentencia del 3 de septiembre de 2018. Radicación: 11001-03-15-000-2018-01294-00.

Consejo de Estado. Sala Plena de la Contencioso Administrativo. M. P. Carmen Teresa Ortiz. Sentencia del 23 de febrero de 2016. Radicado: 11001-03-15-000-2015-00102-00.

Consejo de Estado. Sala de lo Contencioso Administrativo. Sección Tercera. M. P. Jaime Orlando Santofimio Gamboa. Auto del 23 de julio de 2018. Radicación: 85001-23-33-000-2017-00255-01(61277).

Consejo de Estado. Sala de la Contencioso Administrativo. Sala Plena de la Sección Tercera. M. P. Milton Chaves García. Sentencia de Unificación del 29 de enero de 2020. Radicación: 85001-33-33-002-2014-00144-01 (61033).

Consejo de Estado. Sala de Consulta y Servicio Civil. M. P. William Zambrano Cetina. Concepto del 18 de octubre de 2012. Radicación: 11001-03-06-000-2012-00094-00(2128).

Consejo de Estado. Sala de lo Contencioso Administrativo. Sección Tercera Subsección B, M. P. Jaime Orlando Santofimio. Sentencia del 29 de julio de 2015. Radicación: 25000232600020090003001(40271).

Consejo de Estado. Sala de lo Contencioso Administrativo. Sala Plena Sección Tercera. M. P. Jaime Orlando Santofimio. Sentencia del 19 de noviembre de 2012. Radicación: 73001-23-31-000-2000-03075-01(24897).

Consejo de Estado. Sala de lo Contencioso Administrativo. Sección Tercera. M. P. Jaime Enrique Rodríguez Navas. Sentencia de Unificación del 1° de agosto de 2019. Expediente: 05001-23-33-000-2018-00342-01 (62009).

Consejo de Estado. Sala de lo Contencioso Administrativo. Sección Tercera. M. P. Alberto Montaña Plata. Decisión del 6 de diciembre de 2021. Radicación: 66001-33-31-003-2008-00410-01 (AG) REV.

Consejo de Estado. Sala de lo Contencioso Administrativo. Sala Primera Especial de Decisión. M. P. María Adriana Marín. Sentencia de 10 de junio de 2021. Radicación: 76001-23-31-000-2002-04584-02(AG) REV-SU.

Consejo de Estado. Sala de lo Contencioso Administrativo. Sección Segunda. M. P. Sandra Lisset Ibarra. Sentencia del 4 de octubre de 2021. Radicación:52001-33-31-008-2008-00304-01 (AP) REV-SU 20211004.

Consejo de Estado. Sala de lo Contencioso Administrativo. Sección Cuarta. M. P. María Adriana Marín. Sentencia del 5 de mayo de 2020. Radicación: 25000-23-15-000-2006-00190-01 (AP)REV-SU.

Consejo de Estado. Sala de lo Contencioso Administrativo. Sala Plena de la Sección Tercera. M. P. Enrique Gil Botero. Auto del 25 de septiembre de 2013. Radicación: 25000-23-26-000-1997-05033-01(20420).

Consejo de Estado. Sala de lo Contencioso Administrativo. Sala Plena de la Sección Tercera. Sentencia del 25 de septiembre de 2013. M. P. Mauricio Fajardo Gómez. Radicación: 250002326000-1997-0393

Consejo de Estado, Sala de lo Contencioso Administrativo, Sección Segunda, Sentencia del 20 de noviembre de 2019, radicado: 11001-03-25-000-2011-00255-01 (0886-2011).

Consejo de Estado, Sala de lo Contencioso Administrativo, Sección Cuarta, Sentencia del 9 de marzo de 2017, radicado: 05001-23-31-000-2012-00909-01 (21511).

Consejo de Estado. Sala de lo Contencioso Administrativo. Sección Cuarta: M. P. Jorge Octavio Ramírez. Auto del 26 de septiembre de 2013. Radicación: 08001-23-333-004-2012-00173-01(20135).

Consejo de Estado. Sala de lo Contencioso Administrativo. Sección Quinta. M. P. Luís Alberto Álvarez Parra. Auto del 23 de mayo de 2022. Radicación: 1001-03-28-000-2022-00080-00.

Consejo de Estado. Sala de lo Contencioso Administrativo. Sección Segunda. M. P. Gabriel Valbuena Hernández. Auto del 7 de diciembre de 2021. Radicación: 11001-03-25-000-2019 00010-00 (0071-2019)

Consejo de Estado. Sala de lo Contencioso Administrativo. Sección Segunda. M. P. Rafael Francisco Suárez. Auto del 8 de abril de 2021. Radicación: 11001-03-25-000-2020-00992-00(3029-20).

Consejo de Estado. Sala de lo Contencioso Administrativo. Sección Primera. M. P. Libardo Rodríguez. Auto del 4 de marzo de 1999. ACU-620.

Consejo de Estado. Sala de lo Contencioso Administrativo. Sección Tercera. M. P. Mauricio Fajardo Gómez. Sentencia del 8 de julio de 2009. Radicación: 11001-03-26-000-2002-00006-01 (22120).

Consejo de Estado. Sala de lo Contencioso Administrativo. Sección Primera. M. P. Roberto Augusto Serrato. Auto del 3 de agosto de 2021. Radicación: 11001-03-24-000-2021-00210-00A.

Consejo de Estado. Sala de lo Contencioso Administrativo. Sección Cuarta. M. P. Rocío Araújo Oñate. Sentencia de Unificación del 26 de noviembre de 2020. Radicación: 44001-23-33-0002020-00022-01.

Consejo de Estado. Sala de lo Contencioso Administrativo. Sección Cuarta. M. P. Jorge Octavio Ramírez. Auto del 2 de marzo de 2015. Expediente: 11001-03-27-000-2014-00026-00(21073).

Consejo de Estado. Sala de lo Contencioso Administrativo. Sección Tercera. Subsección A. M. P. Hernán Andrade Rincón. Expediente: 11001-03-26-000-2013-00096-00(47833).

Consejo de Estado, Sección Tercera, auto del 09 de diciembre de 2010, exp. 38753, MP: Stella Conto Díaz del Castillo.

Consejo de Estado. Sala de lo Contencioso Administrativo. Sala Catorce Especial de Decisión. M. P. Alberto Montaña Plata. Decisión del 13 de octubre de 2020. Radicación: 11001-03-15-000-2019-00119-00(REV).

Consejo de Estado. Sala de lo Contencioso Administrativo. Sección Segunda. Subsección A. M. P. Luís Rafael Vergara Quintero. Sentencia del 10 de diciembre de 2015. Radicación: 13001-23-31-000-2001-00817-01(1723-11).

Consejo de Estado. Sala Plena de lo Contencioso Administrativo. Sala Novena Especial de Decisión. M. P. Gabriel Valbuena Hernández. Sentencia del 13 de agosto de 2021. Radicación: 66001-33-33-001-2012-00141-01 (AG)REV.

Consejo de Estado. Sala de lo Contencioso Administrativo. Sección Cuarta. M. P. Hugo Fernando Bastidas Bárcenas. Sentencia del 4 de febrero de 2016. Radicación: 25000-23-27-000-2009-00235-01(18551).

Consejo de Estado. Sala de lo Contencioso Administrativo. Sección Segunda. Subsección A. M. P. Gustavo Eduardo Gómez Aranguren. Sentencia del 26 de marzo de 2014. Radicación: 11001-03-25-000-2013 00117-00(0263-13)

Consejo de Estado. Sala de lo Contencioso Administrativo. Sala Especial de Revisión 9. M. P. Gabriel Valbuena Hernández. Auto del 19 de mayo de 2023. Radicación: 11001-03-15-000-2023-00871-00.

Consejo de Estado. Sala Plena de lo Contencioso Administrativo. Sala Especial de Decisión No. 7. MP: Martín Bermúdez Muñoz. Auto del 8 de febrero de 2024. Radicación: 11001-03-15-000-2024-00293-00,

Corte Constitucional. Sala Plena. M. P. Rodrigo Escobar Gil. Sentencia del 14 de agosto de 2007. Sentencia C-622 de 2007.

Corte Constitucional. Sala Plena. M. P. Luís Ernesto Vargas. Sentencia del 24 de agosto de 2011. Sentencia C-634 de 2011.

Corte Constitucional. Sala Plena. M. P. Alejandro Linares Cantillo. Sentencia del 3 de mayo de 2017. Sentencia C-283 de 2017.

Corte Constitucional. Sala Plena. M. P. Ruth Stella Correa y Carlos Bernal Pulido. Sentencia del 29 de enero de 2020. Sentencia SU-020 de 2020.

Corte Constitucional. Sala Plena. M. P. Nilson Pinilla. Sentencia del 3 de julio de 2013, C-400 de 2013.

Corte Constitucional. Sala Plena. M. P. Alejandro Linares Cantillo. Sentencia de 2023. C-060 de 2023.

Corte Constitucional. Sala Plena. Sentencia del 28 de enero de 1993. M. P. Ciro Angarita Barón. Sentencia C-021 de 1993.

Corte Constitucional. Sala Plena. M. P. Carlos Gaviria Diaz. Sentencia del 4 de agosto de 1999. Sentencia C-560 de 1999.

Corte Constitucional. Sala Plena. Sentencia del 5 de febrero de 1996. M. P. Vladimiro Naranjo Mesa. Sentencia C-037 de 1996.

Corte Constitucional. Sala Plena. M. P. Jorge Iván Palacio. Sentencia del 16 de julio de 2015. Sentencia C-451 de 2015.

Corte Constitucional. Sala Plena. M. P. Fabio Morón Díaz. Sentencia del 3 de noviembre de 1999. C-869 de 1999.

Corte Constitucional. Sala Plena. M. P. Gloria Stella Ortiz. Sentencia del 11 de agosto de 2016. SU-424 de 2016. En igual sentido, sentencia SU-474 de 2020.

Corte Constitucional. Sala Plena. Sentencia del 6 de noviembre de 2020. M. P. José Fernando Reyes Cuartas. Sentencia SU-474 de 2020.

Corte Constitucional. Sala Plena. M. P. Luís Ernesto Vargas Silva. Sentencia del 23 de junio de 2011. Sentencia C-490 de 2011.

Corte Constitucional. Sala Plena. M. P. Jorge Iván Palacio. Sentencia del 31 de agosto de 2011. Sentencia C-644 de 2011.

Corte Constitucional. Sala Plena. M. P. Humberto Antonio Sierra Porto. Sentencia del 1° de febrero de 2006. Sentencia C-038 de 2006.

Corte Constitucional. Sala Plena. M. P. Eduardo Montealegre Lynett. Sentencia del 9 de julio de 2003. Sentencia C-551 de 2003.

Corte Constitucional. Sala Plena. M. P. Luís Guillermo Guerrero. Sentencia del 14 de noviembre de 2017. Sentencia C-674 de 2017.

Corte Constitucional. Sala Plena. M. P. Martha Victoria Sáchica. Sentencia del 14 de abril de 1999. Sentencia C-215 de 1999.

Corte Constitucional. Sala Plena. M. P. Martha Victoria Sáchica. Sentencia del 14 de abril de 1999. Sentencia C-215 de 1999.

Corte Constitucional. Sala Sexta de Revisión. M. P. Jorge Iván Palacio. Sentencia del 19 de enero de 2016. Sentencia T-005 de 2016.

Corte Constitucional. Sala Sexta de Revisión. M. P. Jorge Iván Palacio. Sentencia del 20 de febrero de 2015. Sentencia T-080 de 2015.

Corte Constitucional. Sala Sala Sexta de Revisión. M. P. Jorge Iván Palacio. Sentencia del 10 de noviembre de 2016. Sentencia T-622 de 2016.

Corte Constitucional. Sala Plena. M. P. María Victoria Calle Correa. Sentencia del 15 de agosto de 2013. Sentencia C-533 de 2013.

Corte Constitucional. Sala Plena. M. P. Alfredo Beltrán Sierra. Sentencia del 2 de mayo de 2002. Sentencia C-319 de 2002.

Corte Constitucional. Sala Plena. M. P. Rodrigo Escobar Gil. Sentencia del 29 de mayo de 2002. Sentencia C-426 de 2002.

Corte Constitucional. Sala Plena. M. P. Eduardo Montealegre Lynett. Sentencia del 11 de Julio de 2001. Sentencia C-738 de 2001 (aclaración de voto).

Corte Constitucional. Sala Plena. M. P. Álvaro Tafur Galvis. Sentencia del 5 de diciembre de 2001. Sentencia C-1290 de 2001(aclaración de voto).

Corte Constitucional. Sala Plena. M. P. Juan Carlos Cortés y José Fernando Reyes. Sentencia del 16 de febrero de 2023. Sentencia C-030 de 2023.

Corte Suprema de Justicia. Sala de Casación Civil. Sentencia del 22 de septiembre de 2020. Radicación: 11001-22-03-000-2019-02527-02.

Corte Suprema de Justicia. Sala Plena. M. P. Fernando Uribe Restrepo. Sentencia del 3 de noviembre de 1981. Expediente: 785.

Normativa

Colombia. Asamblea Constituyente de 1991. Constitución Política de Colombia de 1991.

Colombia, Congreso de Colombia. Ley 130. (13, diciembre, 1913). Diario Oficial. Bogotá, D.C., 1913. N. ° 15123.

Colombia, Congreso de Colombia. Ley 85. (31, diciembre, 1916). Diario Oficial. Bogotá, D.C., 1916. N. ° 15997.

Colombia, Congreso de Colombia. Ley 79. (19, junio, 1931). Diario Oficial. Bogotá, D.C., 1931. N. ° 21730.

Colombia, Congreso de Colombia. Ley 80. (23, diciembre, 1935). Diario Oficial. Bogotá, D.C., 1935. N. ° 23075.

Colombia, Congreso de Colombia. Ley 22bis. (03, febrero, 1936). Diario Oficial. Bogotá, D.C., 1936. N. ° 23159.

Colombia, Congreso de Colombia. Ley 167. (24, diciembre, 1941). Diario Oficial. Bogotá, D.C., 1941. N. ° 24853

Colombia, presidente de la República de Colombia. Decreto 528 (09, marzo, 1964) Diario Oficial. Bogotá, D.C., 1964. N. ° 31330.

Colombia, presidente de la República de Colombia. Decreto 01 (02, enero, 1984).

Colombia, presidente de la República de Colombia. Decreto 1333 (25, abril, 1986). Por el cual se expide el Código de Régimen Municipal.

Colombia, presidente de la República de Colombia. Decreto 2269 (25, noviembre, 1987). por el cual se reajustan valores absolutos que, en moneda nacional, expresa el Código Contencioso Administrativo.

Colombia, presidente de la República de Colombia. Decreto 2591 (noviembre, 1991). Por el cual se reglamenta la acción de tutela consagrada en el artículo 86 de la Constitución Política.

Colombia, presidente de la República de Colombia. Decreto 2067 (04, septiembre, 1991). Por el cual se dicta el régimen procedimental de los juicios y actuaciones que deban surtirse ante la corte constitucional.

Colombia, Congreso de Colombia. Ley 43 (01, febrero, 1993). Por medio de la cual se establecen las normas relativas a la adquisición, renuncia, pérdida y recuperación de la nacionalidad colombiana; se desarrolla el numeral 7 del artículo 40 de la Constitución Política y se dictan otras disposiciones.

Colombia, Congreso de Colombia. Ley 80 (28, octubre, 1993). Por la cual se expide el Estatuto General de Contratación de la Administración PÚBLICA.

Colombia, Congreso de Colombia. Ley 136 (02, junio, 1994). Por la cual se dictan normas tendientes a modernizar la organización y el funcionamiento de los municipios.

Colombia, Congreso de Colombia. Ley 137 (02, junio, 1994). Por la cual se regulan los Estados de Excepción en Colombia.

Colombia, Congreso de Colombia. Ley 393 (29, julio, 1997). Por la cual se desarrolla el artículo 87 de la Constitución Política.

Colombia, Congreso de Colombia. Ley 270 (07, marzo, 1996).

Colombia, Congreso de Colombia. Decreto 111 (15, enero, 1996). Por el cual se compilan la Ley 38 de 1989, la Ley 179 de 1994 y la Ley 225 de 1995 que conforman el estatuto orgánico del presupuesto.

Colombia, Congreso de Colombia. Ley 388 (18, julio, 1997). Por la cual se modifica la Ley 9 de 1989, y la Ley 2 de 1991 y se dictan otras disposiciones.

Colombia, Congreso de Colombia. Ley 446 (07, julio, 1998). Por la cual se adoptan como legislación permanente algunas normas del Decreto 2651 de 1991, se modifican algunas del Código de Procedimiento Civil, se derogan otras de la Ley 23 de 1991 y del Decreto 2279 de 1989, se modifican y expiden normas del Código Contencioso Administrativo y se dictan otras disposiciones sobre descongestión, eficiencia y acceso a la justicia.

Colombia, Congreso de Colombia. Ley 472 (05, agosto, 1998). Por la cual se desarrolla el artículo 88 de la Constitución Política de Colombia en relación con el ejercicio de las acciones populares y de grupo y se dictan otras disposiciones.

Colombia, Congreso de Colombia. Ley 617 (06, octubre, 2000). Por la cual se reforma parcialmente la Ley 136 de 1994, el Decreto Extraordinario 1222 de 1986, se adiciona la ley orgánica de presupuesto, el Decreto 1421 de 1993, se dictan otras normas tendientes a fortalecer la descentralización, y se dictan normas para la racionalización del gasto público nacional.

Colombia, Congreso de Colombia. Ley 797 (29, enero, 2003). Por la cual se reforman algunas disposiciones del sistema general de pensiones previsto en la Ley 100 de 1993.

Colombia, Congreso de Colombia. Ley 1289 (06, marzo, 2009). Por medio de la cual se modifica el artículo 4 de la Ley 30 de 1971 y se dictan otras disposiciones.

Colombia, Congreso de Colombia. Ley 1437 (18, enero, 2011). Por la cual se expide el Código de Procedimiento Administrativo y de lo Contencioso Administrativo.

Colombia, Congreso de Colombia. Ley 1475 (14, junio, 2011). Por la cual se adoptan reglas de organización y funcionamiento de los partidos y movimientos políticos, de los procesos electorales y se dictan otras disposiciones.

Colombia, Congreso de Colombia. Ley 1551 (06, julio, 2012). Por la cual se dictan normas para modernizar la organización y el funcionamiento de los municipios

Colombia, Congreso de Colombia. Ley 1564 (12, julio, 2012). Por medio de la cual se expide el Código General del Proceso y se dictan otras disposiciones.

Colombia, presidente de la República de Colombia. Decreto 1084 (26, mayo, 2015). Por medio del cual se expide el Decreto Único Reglamentario del Sector de Inclusión Social y Reconciliación.

Colombia, Congreso de Colombia. Ley 1881 (15, enero, 2018). Por la cual se establece el procedimiento de pérdida de la investidura de los congresistas, se consagra la doble instancia, el término de caducidad, entre otras disposiciones.

Colombia, Congreso de Colombia. Ley 1952 (28, enero, 2019). Por medio de la cual se expide el código general disciplinario se derogan la ley 734 de 2002 y algunas disposiciones de la ley 1474 de 2011, relacionadas con el derecho disciplinario

Colombia, Congreso de Colombia. Ley 2064 (09, diciembre, 2020). Por medio de la cual se declara de interés general la estrategia para la inmunización de la población colombiana contra la covid-19 y la lucha contra cualquier pandemia y se dictan otras disposiciones.

Colombia, presidente de la República de Colombia. Decreto Ley 403 (16, marzo, 2020). Por el cual se dictan normas para la correcta implementación del Acto Legislativo 04 de 2019 y el fortalecimiento del control fiscal.

Colombia, Congreso de Colombia. Ley 2080 (25, enero, 2021). Por medio de la cual se reforma el código de procedimiento administrativo y de lo contencioso administrativo -ley 1437 de 2011- y se dictan otras disposiciones en materia de descongestión en los procesos que se tramitan ante la jurisdicción.

Colombia, Congreso de Colombia. Ley 2094 (29, junio, 2021). Por medio de la cual se reforma la ley 1952 de 2019 y se dictan otras disposiciones.

Colombia, Congreso de Colombia. Decreto 601 (02, junio, 2021). Por el cual se desarrollan las competencias de vigilancia de los eventos adversos posteriores a la vacunación contra el Covid-19 y se reglamenta el artículo 4 de la Ley 2064 de 2020.

Colombia, Congreso de Colombia. Ley 2195 (18, enero, 2022). Por medio de la cual se adoptan medidas en materia de transparencia, prevencion y lucha contra la corrupcion y se dictan otras disposiciones.

Colombia, Congreso de Colombia. Ley 2200 (08, febrero, 2022). Por la cual se dictan normas tendientes a modernizar la organización y el funcionamiento de los departamentos.

Colombia, Congreso de Colombia. Ley 2332 (25, septiembre, 2023). Por medio de la cual se establecen los requisitos y el procedimiento necesarios para la adquisición, pérdida y recuperación de la nacionalidad colombiana y se dictan otras disposiciones.

O1 [Anónimo]. Diccionario panhispánico de dudas [página web]. Disponible en Internet: <https://www.rae.es/dpd/o>.